JN046374

楽しく学んで実践できる

対人コミュニケーションの
心理学

［改訂版］

Mizukuni, Terumitsu　水國照充

Aoki, Tomoko　青木智子

Kizuki, Chiaki　木附千晶

tanoshiku
manande
jissendekiru

The Psychology
of Interpersonal Communication

北樹出版

は じ め に

　私たちは、生まれてから現在に至るまで、そしておそらくこの先も、さまざまな人々と出会い、かかわりあいを持ちながら生活していくでしょう。このような他者とのかかわりあいは、一般的に「コミュニケーション（communication）」とよばれます。日常的にも使われている言葉なので、みなさんにとって身近な言葉だと思います。

　ところでコミュニケーションとは、具体的にどのような意味を持つのでしょうか。広辞苑（第六版）では、「社会生活を営む人間の間に行われる知覚・感情・思考の伝達」とされていますが、私たちが普段の対人関係のなかで行っているコミュニケーションでは、単なる伝達に留まらず、お互いに理解しあうことや、伝達された知覚・感情・思考を共有することまでを含めてコミュニケーションと捉えていると言えるでしょう。

　そう考えると、私たちにとって他者とのコミュニケーションは、日常生活を豊かにおくるうえで必要不可欠な要素であると言えます。そして、大学生のみなさんにとっては、在学中はもちろんのこと、大学を卒業して社会の一員になってからもよりいっそう、豊かなコミュニケーションを通じて人間関係を築いていくことが必要となるでしょう。このことは、雇い主である企業もまた同様に捉えており、たとえば、企業が求める人材の資質・能力のひとつに「コミュニケーション能力」があげられています（公益財団法人経済同友会「企業の採用と教育に関するアンケート調査」2016 年）また、みなさんのなかには教師を目指している人もいると思いますが、教師に求められる資質能力のうち、教師としての専門性、責任感とともに、総合的な人間力として「コミュニケーション力」が求められているのです（中央教育審議会答申「これからの学校教育を担う教員の資質能力の向上について」2016 年）。

　このように、私たちの社会ではコミュニケーション力やコミュニケーション能力が求められているにもかかわらず、私たちはそれを、家族や身近な人間関係、そして学校などの集団生活を通じて生活体験的にしか学んでこなかったのです。

　ある学生は「コミュニケーションが苦手」といいます。その理由をたずねると「幼いころから苦手だったからなぁ」と答えました。つまり、コミュニケーションが苦手なのは生まれ持ったコミュニケーション能力に乏しいから苦手なのであり、変えることは不可能であるとあきらめているのです。果たしてそうなのでしょうか。コミュニケーション能力は先天的で変えることのできないものなのでしょうか。

　ところで私は球技が苦手です。幼少期から球技を通じて活躍する場面は皆無でしたし、うまくないという自覚からくる劣等感と、下手でからかわれることが嫌でそもそも球技を極力避けてきました。ところが 40 歳近くになって、あることがきっかけでテニスを始めました。最初はほんのお遊び程度でしたが、うまく打ち返せなくても仲間から責められるわけでもなく、むしろ励まされてやる気にさせてくれるその雰囲気に、テニスがこんなにも楽しいものだったのかと実感したのです。「好きこそ

ものの上手なれ」とはよく言ったもので、楽しくて好きになった途端に、コツコツと練習に励むようになりました。当初はボールを打ち返しても場外ホームランばかりでしたが、次第に、相手とラリーを楽しめるようになりました。技術的にはまだまだ素人ですし、テニス上級者、それこそプロには到底かなわないレベルですが、ボールを打ち合う楽しみはなんとも言えない満足感が得られます。

　なにが言いたいのかというと、テニスなどのスポーツは生まれ持った能力がその実力を左右する要素はあるかと思いますが、繰り返し練習することでそれなりにスポーツを楽しむことができるようになるのと同じように、コミュニケーションもまた、繰り返し練習することでその能力が向上するということです。つまり、コミュニケーション能力とは、そのスキル（技術）を磨くことで向上させることが可能であるということです。決して生まれ持った能力がその人のコミュニケーション・スキルを決定しているわけではないのです。

　そこで特に本書で強調しておきたいのは、「楽しく学び、練習する」ということと、「練習がうまくいかなくても一緒に学ぶ仲間が受けとめていくこと」です。そして、本書の目的は「コミュニケーションのプロを目指すのではない」ということです。

　「楽しく学び、練習する」とは、先のテニスの例でも述べたように、楽しいからこそ練習も長続きします。コミュニケーションに苦手意識を持っている人に厳しい練習を課しても長続きしないばかりか、コミュニケーションの失敗体験が重なり、ますますコミュニケーションに自信をなくしてしまうでしょう。本書をつうじてみなさんには、「コミュニケーションを学ぶことは楽しいことなんだ」という実感を持ってもらいたいのです。そこで本書では、全12章が楽しく学べるように、臨床心理学の専門家がカウンセラーとしての経験から、また普段の授業を通じての学生とのやりとりのなかで得た気づきから工夫を凝らして執筆しました。

　次に「コミュニケーションのプロを目指すのではない」という点は、本書はコミュニケーションを学問的に、そして実践的に学ぶ初学者向けの内容であるということです。将来、プロパフォーマーやニュースキャスター等を目指すための内容ではありません。大学生等の一般の人がコミュニケーションを楽しく学べて、日常生活に役立つことを目的としています。

　また、各章の最後には、「心理学の話」という短い読み物を載せました。コミュニケーションは人と人との心のふれあいでもあります。心の仕組みや機能を学ぶことで各章の取り組みにより興味を持ってもらえたら幸いです。

　「好きこそものの上手なれ」──本書を通じてコミュニケーションを楽しみながら学び、一緒に学ぶ仲間との交流に役立ててもらえることを願っています。

　最後に、本書の刊行をご快諾いただいた北樹出版の福田千晶氏に厚く御礼申し上げます。

2018年1月

水國　照充

改訂版刊行にあたって

　『楽しく学んで実践できるコミュニケーションの心理学』は、前版の刊行より、主に大学でのコミュニケーション関連の授業に多く取り入れていただきました。紙上を借りて、皆様に厚くお礼を申し上げます。改訂に至るまでに、読者から本書についての感想を、直接、間接的にうかがう機会が何度かありましたが、コミュニケーションの演習の教科書として、初年次教育として、大いに活用させていただいたとのことで著者一同、大変嬉しく思います。

　この度の改訂では、第1章の ENDCOREs で示されている各スキルとそれぞれのスキルの関係性についての説明を追加したほか、第10章では、「ミニ・エクササイズ」として「タングラムコラージュ」を追加し、より一層の自己理解を深めることが可能となりました。また、第12章では、ジェノグラムの作成を通して、多様な家族形態についての理解を促すための家族の機能や問題を例として挙げました。さらに各章のおわりに読み物として「心理学の話」が記載されていますが、「心理学の話⑪」では、昨今の社会情勢を鑑みた話題提供をあらたに追加しました。

　本書の編集作業は、北樹出版の福田千晶さんに大変なご尽力をいただきました。ありがとうございました。本書がこれからもコミュニケーションを実践的に学ぶ上での初学者の良き教科書になるよう、心より願っております。

　　　2023年7月

著 者 一 同

目　　　次

エクササイズ一覧

改 訂 版

楽しく学んで実践できる!!

対人コミュニケーションの 心 理 学

自分を知ろう

〜内面的特徴とコミュニケーション・スキルの理解〜

> コミュニケーションという行為はあまりにも日常的なので、コミュニケーションを学ぶ機会は、これまでの身近な人間関係で体験的に学習して積み重ねてきただけで、あらためてその知識や技術を意識的体系的に学ぶ機会に乏しかったと言わざるを得ません。本書では章ごとにコミュニケーションの技術を向上させるさまざまな課題が設定されていますが、技術的なことに取り組む前に、コミュニケーションの主体である自分を理解することから始めたいと思います。

1. なぜ自分を理解する必要があるのか

　誰もが高いコミュニケーション能力を発揮したい、円滑な人間関係を築きたいと考えると思いますが、そのための第一歩として、自分を知ることが大切です。たとえば、自分のことを肯定的に捉えていて、自信を持ってコミュニケーションを楽しめる人と、極端に自分のことを否定的に捉えていたり、コミュニケーションに自信がなかったりする人とでは、同じメッセージを発していたとしても、伝えたいとおりに伝わらないことがあります。それはコミュニケーションにおける伝達手段のなかでも、話し方、表情や声の抑揚、身振りなどの動作 (これらを非言語メッセージとよびます) は、自分の内面を無意識に反映しがちであるからです。非言語コミュニケーション研究の第一人者であるバードウィステル (Birdwhistell, R. L.) は、二者間の対話において、言語によって伝えられるメッセージは、全体の 35 パーセントであり、残りの 65 パーセントは非言語によって伝えられていると述べていることからも、メッセージを発している自分自身のことを正しく理解しておくことは大切であると言えます。

2. 自分の内面を知るための手がかり

　それでは、具体的に自分の内面を知るための手がかりとして、以下の特徴について調べてみましょう。

(1) 自尊感情 (self-esteem)

　自尊感情とは、自己に価値があり、尊敬されるべき人間であると感じる感情のことです。自尊感情を高めることは自分を肯定的に捉えていくうえで必要ではありますが、偏った自己認識の結果、自分のことばかりを優先して他者を顧みず、傲慢であったりうぬぼれたりしていると、自己中心的なコミュニケーションに陥るおそれがあります。健全な自尊感情を育むためには、自分が所属する集団のな

かで、自分がどれだけ大切な存在であるかということを自分自身で認識すること（自己有用感：北島 1999）が必要と言われています。

〔**自尊感情を調べてみよう**〕（山本・松井・山城，1982）

次の特徴のおのおのについて、あなた自身にどの程度あてはまるかをお答えください。他からどう思われているかではなく、あなたが、あなた自身をどのように思っているかを、ありのままにお答えください。

	あてはまる	ややあてはまる	どちらともいえない	ややあてはまらない	あてはまらない
1 少なくとも人並みには、価値のある人間である					
2 いろいろな良い資質を持っている					
3 敗北者だと思うことがよくある					
4 物事を人並みには、うまくやれる					
5 自分には、自慢できるところがあまりない					
6 自分に対して肯定的である					
7 だいたいにおいて、自分に満足している					
8 もっと自分を尊敬できるようになりたい					
9 自分は全くだめな人間だと思うことがある					
10 何かにつけて、自分は役に立たない人間だと思う					

＊採点の仕方

あてはまる→5点、ややあてはまる→4点、どちらともいえない→3点、ややあてはまらない→2点、あてはまらない→1点として10項目を点数化します。ただし、項目3・5・8・9・10は5点→1点、4点→2点、3点はそのままに換算してから加算します。

---

(2) 自己効力感 (self-efficacy)

　自己効力感とは、いわゆる「自信」と似た概念です。なんらかの目標を達成するために必要な行動を起こす力となります。初対面の人に自分から話しかける場面や対人葛藤場面などで、「自分ならちゃんと言える」と思える気持ちです。小さな成功体験を積み重ねていくことで自己効力感が高まります。

〔自己効力感を調べてみよう〕（成田・下仲・中里・河合・佐藤・長田，1995）

　この文章は一般的な考えを表しています。それがどのくらいあてはまるかを教えてください。

	そう思う	まあそう思う	どちらともいえない	あまりそう思わない	そう思わない
1　自分が立てた計画はうまくできる自信がある					
2　しなければならないことがあっても、なかなかとりかかれない					
3　初めはうまくいかない仕事でも、できるまでやり続ける					
4　新しい友だちを作るのが苦手だ					
5　重要な目標を決めても、めったに成功しない					
6　何かを終える前にあきらめてしまう					
7　会いたい人を見かけたら、向こうから来るのを待たないでその人のところへ行く					
8　困難に出会うのを避ける					
9　非常にややこしく見えることには、手を出そうとはしない					
10　友だちになりたい人でも、友だちになるのが大変ならばすぐに止めてしまう					
11　面白くないことをするときでも、それが終わるまでがんばる					
12　なにかをしようと思ったら、すぐにとりかかる					
13　新しいことを始めようと決めても、出だしでつまずくとすぐあきらめてしまう					
14　最初は友だちになる気がしない人でも、すぐにあきらめないで友だちになろうとする					
15　思いがけない問題が起こったとき、それをうまく処理できない					
16　難しそうなことは、あらたに学ぼうとは思わない					
17　失敗すると一生懸命やろうとする					
18　人の集まりの中では、うまくふるまえない					
19　何かしようとするとき、自分にそれができるかどうか不安になる					
20　人に頼らない方だ					
21　自分から友だちを作るのがうまい					
22　すぐあきらめてしまう					
23　人生で起きる問題の多くは対処できるとは思えない					

＊採点の仕方

　そう思う→5点、まあそう思う→4点、どちらともいえない→3点、あまりそう思わない→2点、そう思わない→1点として23項目を点数化します。ただし、項目2・4・5・6・8・9・10・13・15・16・18・19・22・23は、5点→1点、4点→2点、3点はそのままに換算してから加算します。

これらをまとめると、私たちは他者とのかかわりのなかで自己の存在を適切に認知し、他者に理解されることによって自信を持ってさらに他者とのかかわりを深めていく存在であると言えます。特にコミュニケーションにおいては、そのあり方が独りよがりになってはいないか、もしくは相手の言いなりになってはいないかを確認することが大切です。そのうえで、適切なコミュニケーションを目指すことが求められます。

■■ 3. 自分のコミュニケーション・スキルを調べてみよう ■■

　自分の内面的特徴を把握したところで、次にコミュニケーションの各種特徴についての得意・不得意を調べてみましょう。ここでは、藤本・大坊 (2007) の開発した「ENDCOREs」という質問紙を用いてコミュニケーション・スキルを測定します。

　普段のコミュニケーション場面におけるあなたの行動について答えてください。以下の項目について、「7：かなり得意」〜「1：かなり苦手」のうち、自分に最もよくあてはまると思う数字を、それぞれ○で囲ってください。

〔ENDCOREs〕（藤本・大坊，2007）

		かなり得意	得意	やや得意	どちらでもない	やや苦手	苦手	かなり苦手
1	自分の衝動や欲求を抑える	7	6	5	4	3	2	1
2	自分の感情をうまくコントロールする	7	6	5	4	3	2	1
3	善悪の判断にもとづいて正しい行動を選択する	7	6	5	4	3	2	1
4	まわりの期待に応じたふるまいをする	7	6	5	4	3	2	1
5	自分の考えを言葉でうまく表現する	7	6	5	4	3	2	1
6	自分の気持ちをしぐさでうまく表現する	7	6	5	4	3	2	1
7	自分の気持ちを表情でうまく表現する	7	6	5	4	3	2	1
8	自分の感情や心理状態を正しく察してもらう	7	6	5	4	3	2	1
9	相手の考えを発言から正しく読み取る	7	6	5	4	3	2	1
10	相手の気持ちをしぐさから正しく読み取る	7	6	5	4	3	2	1
11	相手の気持ちを表情から正しく読み取る	7	6	5	4	3	2	1
12	相手の感情や心理状態を敏感に感じ取る	7	6	5	4	3	2	1
13	会話の主導権を握って話を進める	7	6	5	4	3	2	1
14	まわりとは関係なく自分の意見や立場を明らかにする	7	6	5	4	3	2	1
15	納得させるために相手に柔軟に対応して話を進める	7	6	5	4	3	2	1
16	自分の主張を論理的に筋道を立てて説明する	7	6	5	4	3	2	1
17	相手の意見や立場に共感する	7	6	5	4	3	2	1
18	友好的な態度で相手に接する	7	6	5	4	3	2	1
19	相手の意見をできるかぎり受け入れる	7	6	5	4	3	2	1
20	相手の意見や立場を尊重する	7	6	5	4	3	2	1
21	人間関係を第一に考えて行動する	7	6	5	4	3	2	1
22	人間関係を良好な状態に維持できるように心がける	7	6	5	4	3	2	1

| 23 | 意見の対立による不和に適切に対処する | 7 | 6 | 5 | 4 | 3 | 2 | 1 |
| 24 | 感情的な対立による不和に適切に対処する | 7 | 6 | 5 | 4 | 3 | 2 | 1 |

各項目の特徴と採点の仕方

項目1〜4は管理系基本スキル「自己統制」、項目5〜8は表出系基本スキル「表現力」、項目9~12は反応系基本スキル「解読力」、項目13〜16は表出系対人スキル「自己主張」、項目17〜20は反応系対人スキル「他者受容」、項目21〜24は管理系対人スキル「関係調整」を表しています。それぞれのスキルの関係性については、図1-1をご覧ください。

採点は、項目1〜4、項目5〜8、項目9〜12、項目13〜16、項目17〜20、項目21〜24の得点をそれぞれ加算し、それぞれを4で除して得点を算出します。

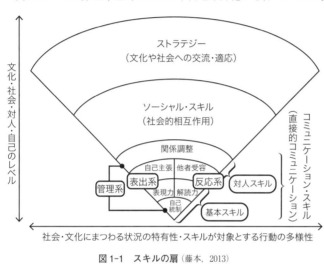

図1-1　スキルの扇 (藤本. 2013)

4. ま と め

　この章を通じて、自分の内面的特徴を把握することができました。もしも自分の内面的特徴が思った以上に偏っていたり、他の受講者と比べて得点が低いと感じられたとしても落ち込む必要はありません。この後に続く各章の課題に取り組むことで、自尊感情も、自己効力感も高めていくことは十分可能なのです。

　また、これからコミュニケーションのさまざまな技術を練習していくうえで、現在のみなさんのコミュニケーション・スキルを測定しました。得意な項目は練習の際にも積極的に取り組めると思います。一方で苦手な項目は、練習してもすぐには上達しないかもしれませんが、あきらめずに粘り強く、そして楽しみながら取り組んでいきましょう。

　そして、最終章までの取り組みを終えた後、あらためてこの章の心理テストに回答してみて、自分の内面的変化、コミュニケーション・スキルの変化を少しでも感じることができたなら、大きな一歩につながります。

(水國　照充)

〈心理学とは〉

　私たちがコミュニケーションを行う際に、もしも相手の心が読めたり、相手の心に直接働きかける手段があれば、コミュニケーションで悩むことは少なくなるかもしれない。しかし残念なことに、私たちが普段、相手の心を直接観察する手段はなく、相手の心はその人の心の動きを反映したであろう言葉や表情、態度から推測するしかない。しかも相手の心のみならず、ときには自分の心さえ捉えきれず、自己嫌悪に陥ったり、心が深く傷ついてしまったりすることもあるだろう。

　そもそも心とは何なのだろうか。私たちは誰もが自分のなかに心があるという自覚はしているが、それは私たちのどの部分にあって、どのような構造なのだろうか。この心を学問的に探究する分野が「心理学」である。心理学とは英語で「Psychology」と表記されるが、その語源はギリシャ語で「心」を意味する「psyche」と、「学」を意味する「logos」に由来する。古くは古代ギリシャ時代から哲学者らによって心の探究が行われてきたが、それが次第に「心理学」という、ひとつの独立した学問分野として登場するのは19世紀の終わりになってからである。

〈心理学の誕生〉

　ドイツのライプチヒ大学の哲学教授であり、生物学者でもあった**ヴント**（Wundt, W. M.）が、世界で最初の公式の心理学実験室を開設した1879年が心理学独立の年とされており、ヴントは実験心理学の父とも言われている。ヴントの研究手法は、哲学から引き継がれた「内観法」を用いて自分自身の意識過程を観察し、そこから基本的要素を抽出し、それらの諸要素の結合の様式や法則を明らかにしようとした。これを「**構成主義**（意識主義）」とよぶ。さらにこの時代は、生理学者のフェヒナー（Fechner, G. T.）による精神物理学的測定法や、フェヒナーの精神物理学に影響を受けたエビングハウス（Ebbinghaus, H.）による記憶研究など、いくつかの心理学の流れが存在しており、後の心理学の学問構成やその発展に深くかかわっている。

〈心理学の発展と心の構造〉

　ほどなくしてヴントの構成主義では、人の心の様相を捉えるには不十分であると批判が起こった。私たちの心は、私たちが意識できる範囲にとどまらず、「なぜ、こんなことをしたんだろう」と無自覚な結果を引き起こすことがあるが、このはたらきを「**無意識**」の心の過程として捉えたのがオーストリアの精神科医**フロイト**（Freud, S.）であった。フロイトは、無意識を含んだ心の構造を模索し、**精神分析学**を提唱した。フロイトの精神分析学もまた、多くの批判を受けながらも後の心理学のさまざまな分野の誕生に多大な影響を与えた。また、20世紀に入ると、主観的な心の研究手法を批判するかたちで、アメリカの心理学者**ワトソン**（Watson, J.B.）は**行動主義**を唱え、心理学は客観的に観察できる行動を研究対象として捉えるべきであるとした。つまり、心を直接観察しようとするのではなく、その影響を受けている行動を観察すべきであると述べたのである。行動主義もまた、さまざまな批判にさらされながらも後の心理学の発展に大きな影響を及ぼした。

〈現代の心理学〉

　他の学問領域と比べて心理学は、誕生してからまだ日が浅い分野ではあるが、表①-1に示されているように、その分類は今日では多岐にわたっている。心の探究は現代に至るまで研究の途上であるが、さまざまな心理学の分野から得られた知見は私たちが心を理解していくうえで大いに役立つものだろう。

表①-1　**心理学の分類** (加藤，1987)

基礎心理学	正常心理学	個人心理学	人間心理学	一般心理学 （成人心理学）	感覚・知覚・感情 欲求・学習・記憶 思考・言語
				人格心理学 （差異心理学）	知能心理学
					性格心理学
				発達心理学	乳児心理学 幼児心理学 児童心理学 青年心理学 老年心理学
			動物心理学		
		社会心理学	グループ・ダイナミクス 民族心理学 文化心理学		
	異常心理学				
応用心理学	教育心理学　経営心理学　交通心理学　宗教心理学　芸術心理学　臨床心理学 軍事心理学　災害心理学　看護心理学　広告心理学　産業心理学　職業心理学 カウンセリング　音楽心理学　恋愛心理学　犯罪心理学　法廷心理学　人間工学 政治心理学　体育心理学　経済心理学				

（水國　照充）

自己紹介してみよう

2

　入学、進級を経たみなさんにとって、4月はあらたな仲間との出会いの時期です。講義や部活動、サークル活動を通じて、これからともに学んでいくかけがえのない仲間をみつけてください。本章では、みなさんの仲間づくりに役立つ取り組みを紹介します。その名も「フレンド☆ビンゴ」です。受講生のみんなによる、受講生みんなのためのビンゴに挑戦してみましょう。ビンゴゲームを通じて、知っていそうであまり知らなかった受講生と親しくなるきっかけをつかんでください。

■ *1.* フレンド☆ビンゴの実施 ■

〈ね　ら　い〉
・自分のことを相手に知ってもらい、より良い人間関係形成のきっかけにすること。
・相手のことに関心を示しながら、これからともに学んでいく仲間として意識すること。

〈準備するもの〉
・自己紹介カード：参加人数分用意 (図2-1参照)。
・ビンゴ台紙：参加人数分用意。本章では30人の
　参加者を想定して6×6、36マスで説明してい
　ます。参加人数により適宜作成してください。
　マスは参加人数と同じか多くなるように設定し
　ます。参加人数を超えたマスはあらかじめ「☆」
　マークをつけておきます (図2-2参照)。
・抽選箱：1つ

図2-1　自己紹介カード (右は記入例)

〈実施の手順〉
　授業者が司会進行役となり、以下の手順で実施し
ていきます。

① 「自己紹介カード」を配布し、次の説明をします。
　　「配布した自己紹介カードに、自分の自画像を描き、名前とキーワードを記入してください。キーワードは"三度の飯よりサッカー命"、"カラオケ大好き"、"恥ずかしがりや"など、自分の趣味や特技、性格特徴などを自由に書き込んでください。ただし、あまり長い文章にはしないようにしてください (図2-1の右の例参照)」

② 参加者全員が自己紹介カードを記入したことを確認した後に、ビンゴ台紙を配布し、次の説明をします。
　　「自分が自己紹介カードに書いた自分の名前とキーワードを、ビンゴ台紙のマスのなかに記入し

ビンゴ台紙

山田太郎
世話好き

図 2-2　ビンゴ台紙（下は記入例）

ます。どのマスに書いてもかまいません。（図2-2の下の例参照）」

「ビンゴ台紙の36マスのうち、自分の名前とキーワードを記入した1マスと☆のついている6マス以外の29マスはまだ空欄のままですね。この空欄には、この後に他の全参加者とあいさつを交わし、その相手から教えてもらった相手の名前とキーワードを記入します。たとえば、最初にあいさつしたのが鈴木君であれば、自分のビンゴ台紙の好きなマスに、鈴木君の名前とキーワードを記入します。」

「このように、制限時間内にすべての空欄のマスにあいさつを交わした相手の名前とキーワードを記入していきます。あいさつは、自己紹介カードを互いに見せ合いながら行います。ただキーワードを教え合うだけでなく、"よろしく"、"どうも"、"お願いします" といった言葉から始めて、自己紹介をしながら互いにキーワードについて説明し合いましょう。制限時間は○○分間です（制限時間は参加人数に応じて適宜調整しましょう）。それではスタートです。」

③司会進行役は、参加者が積極的にあいさつを交わせるように、受講生全体を見回しながら適宜声かけをして参加を促してください。

④残り時間が5分になったところで、次の説明を行います。

「残り5分です。まだビンゴ台紙に空欄が残っている参加者は、あいさつを交わしていない参加者を探しましょう。すでに空欄をすべて埋めた参加者は、まだ埋め終わっていない参加者のお手伝いをしてください。」

⑤制限時間になったら、終了の合図をして、参加者から自己紹介カードを回収し、抽選箱に入れます。

⑥司会進行役は参加者を着席させた後に、次の説明をします。

「これから、フレンド☆ビンゴ抽選会を始めます。私が抽選箱のなかからみなさんの書いた自己紹介カードをランダムに1枚ずつ取り出します。普通のビンゴゲームでは、番号の書いてある玉を使いますが、フレンド☆ビンゴでは、参加者が書いてくれた名前とキーワードを使ってビンゴゲームを行います。」

⑦続けて次の説明をします。

「みなさんは、私が読み上げた名前とキーワードが、自分のビンゴ台紙のどこに書いてあるかを探して○印をつけてください。○印（☆含む）が縦か横か斜めの1列に6つ揃ったらビンゴです。

あと1つでビンゴになる参加者は、必ず"リーチ"と言ってその場に起立してください。ビンゴになった参加者は大きな声で"ビンゴ"と言って前に出てきてください。みごとビンゴになった参加者には、全員が拍手でその功績をたたえましょう。」

⑧司会進行役は、ランダムに選んだ自己紹介カードをただ読み上げるだけではなく、「次のカードは……○○さんです。キーワードは××……これってどういうこと！？」などと、キーワードについて参加者に説明してもらうことで、他の参加者の印象に残りやすくなり、今後の仲間関係の構築にも役立ちます。

⑨ビンゴになった参加者が5名程度になった時点でビンゴカードの抽選を終わりにします。その後、今回の取り組みについての解説とふりかえりを行います。

■ *2.* フレンド☆ビンゴの解説 ■

　はじめての仲間との交流に行ったフレンド☆ビンゴが心理学的に見てどのような特徴を持った取り組みなのかを解説します。

(1) お互いを知るほど親しみを覚える：ザイアンスの単純接触効果

　人間関係を豊かにするには、お互いの理解が必要です。クラスという集団では、時間の経過とともに気の合う仲間関係が自然と生まれ、いくつかのグループが点在することになります。ところが、グループでの限定された仲間関係は、他の仲間関係のグループに所属する人を理解する機会を乏しくさせ、交流も限られたものにしてしまいます。同じクラスにいながら数ヵ月経ってもあまり話したことがなくて、相手をよく知らないため、避けたり、拒否的になったりすることもあります。このような人間関係を、アメリカの社会心理学者ザイアンス（Zajonc, R. B.）は、単純接触効果として説明しました。これは、

①人は知らない相手には批判的、攻撃的、冷淡に対応する

②人は会えば会うほど好意を持つ

③人は相手の人間的側面を知ったときに好意を持つ

というもので、既存の仲間集団のみならず、未知の相手を知る機会さえつかめれば、あらたな人間関係の輪が広がるというものです。クラス内での人間関係の広がりは、ともに学んでいく者同士として勉学の励みや、生活の楽しみにつながることは言うまでもないでしょう。

　フレンド☆ビンゴを通じての効果のひとつは、恥ずかしい思いをしながらクラスの一人ひとりに自己紹介するのではなく、ビンゴゲームを通じて楽しく交流を図ることにあります。

(2) 自己紹介カードを通じての自己開示：グールドナーの互恵性の原理

　他者に伝達される自分自身に関する情報、その伝達行為を自己開示といいます。相手になんらかの意図を持たず誠実かつ率直に、相手に打ち明けにくい自分に関する情報を伝えるという行動、またその伝達内容を指す社会心理学用語です。「実は私…」、「俺ってさ…」と相手が話し出すのは、聞き手

に対する信頼感が込められています。さらに、相手からの好意を示す行動は、聞き手の自己開示をもうながすのです。

　このような効果をアメリカの心理学者**グールドナー**（Gouldner, A.）は、互恵性の原理とよびました。たとえば、相手から自己開示されたあとに「実は私も…」と自己開示するような場面を言います。互いに自己開示することで、互いに好意を持ち、親しさが増し、友情や愛情を深めることになります。

　フレンド☆ビンゴでは、自己紹介カードを介して自己開示をしていくなかで、「え、○○県出身なの？　同じだ」、「見た目で怖い人だと思ってたけど、話したら全然そんなことなかった」といった気づきを体験することができます。このような体験は、これからの仲間づくりに役立つでしょう。

(3) ついに「ビンゴ！」：バンデューラの自己効力感

　ビンゴになるためには運の要素が強いとはいえ、勇気を出して、積極的に参加者との交流を果たした結果、ビンゴ台紙をすべて埋めたときの達成感は格別です。さらにビンゴにもなればより大きな満足感も得られるでしょう。このような、自分自身で何かを達成したり、成功させたりする体験は、自分に対する自信や満足につながるものです。

　カナダの心理学者**バンデューラ**（Bandura.A.）は、この状態を自己効力感という概念で説明しました。自己効力感とは、自分が行為の主体であると確信していること、自分の行為を自分がきちんとコントロールしているという信念、自分が外部からの要請に適切に対応しているという確信、自分に対する信頼感を言います。さらに、自己効力感は「結果の予期」と「効果の予期」に二分できます。フレンド☆ビンゴを通じて、たとえビンゴにならなくとも多くの人たちと交流を楽しめて、これから出会うであろうさまざまな人たちに対して「こうすればうまくいくだろう」という予期（結果の予期）と、「そんなふうに自分はうまくできるはずだ」という予期（効果の予期）が以前より少しでも高まったと思えるならば、今回の取り組みはコミュニケーション能力の向上に役立ったと言えるでしょう。

■■ *3.* ふりかえり ■■

　フレンド☆ビンゴに取り組んでみた感想をふりかえりシート（図2-3）に記入しましょう。また、記入したことがらを受講生同士で分かち合いましょう。

フレンド☆ビンゴのふりかえりシート

学籍番号　　　　　　氏名

1．あなたは今日の取り組みを楽しめましたか。

とても楽しめた　少し楽しめた　どちらでもない　あまり楽しめなかった　全く楽しめなかった

2．今日の取り組みはあなたのためになりましたか。

とてもなった　少しなった　どちらでもない　あまりなっていない　全くなっていない

3．自己紹介をして相手に自分のことを伝えられましたか。

かなり伝えた　まぁ伝えた　どちらでもない　あまり伝えていない　全く伝えていない

4．相手から自己紹介されて、相手に興味を持てましたか。

とても興味を持った　少し興味を持った　どちらでもない　あまり興味が持てなかった　全く興味が持てなかった

5．受講生同士のコミュニケーションを深めたいと思いましたか。

とても思った　少し思った　どちらでもない　あまり思わない　全く思わない

☆今日の取り組みを通じて感じたことを何でも自由に書いてください。

---

4. ま と め

　他の受講生と親しくなるきっかけとしてフレンド☆ビンゴを紹介しました。かしこまって自己紹介をするよりも、ゲーム感覚で取り組んだ方が緊張感が和らぎ、自然なふるまいで互いにあいさつを交わせたのではないでしょうか。また、自己紹介にキーワードを設けることで、新しい仲間のことを印象づけやすくなり、次に会ったときの話題にも役立ちそうですね。これからの大学生活を大いに楽しんでください。

(水國　照充)

みなさんが幼かった頃、どのように家族の人たちとコミュニケーションを取っていただろうか。大学生ともなれば、言語・非言語メッセージを用いながらさまざまなスタイルのコミュニケーションが図れているかもしれないが、言葉を発することができない赤ちゃんのときはどうだっただろうか。一見すると、受動的で一方的に世話をしてもらうだけに見える赤ちゃんについて、今回は、発達心理学の視点から赤ちゃんの心の発達をひも解き、他者とのかかわりの基礎について概観してみたい。

〈赤ちゃんのコミュニケーション〉

まだ話すことができない生後1歳未満の赤ちゃんであっても、実は積極的にコミュニケーションを図ろうとしていることが発達心理学のさまざまな研究から明らかにされている。多くの研究が示唆するのは、母親（養育者）が積極的に話しかけることで、その後の言語発達が促されるということと、意味のある言葉ではないが、生後6ヵ月頃からさかんに発する「バーバー」「ダーダー」といった**喃語**は、赤ちゃんにとってのコミュニケーションの手段になっているということである。乳児期において、母親が積極的に赤ちゃんに話しかけ、スキンシップを図ることで、赤ちゃんは微笑み、声を出して笑う。その様子を見た母親もまた笑顔になり、赤ちゃんと積極的にかかわろうとする。このような母子の関係性を**母子相互作用**とよび、その後の他者とのかかわりの基本となる。

〈他者を信頼する基礎の確立その1：ボウルビィの愛着理論〉

生後6ヵ月頃までの赤ちゃんは、たとえ面識のない他者があやしても笑顔で反応するが、6ヵ月を過ぎる頃から次第に特定の対象（多くは母親）に愛着を抱き、他者が抱っこしようとしてもぐずったり、嫌がったりするようになる。このことは、生後6ヵ月から8ヵ月頃の多くの赤ちゃんに見られる**人見知り**から理解できる。その後、母子間での愛着関係が順調に進めば、およそ2・3歳頃までには子どもの心のなかに安定した母親イメージが形成される（**情緒的対象恒常性の獲得**）と児童精神科医の**ボウルビィ**（Bowlby, J.）は述べている。これによって子どもは、目の前に母親がいなくても自分は愛されていて、必ず自分のもとに母親は現れると信じることができるのである。このように、相手（母親）から信頼され、そして自身もまた信頼できる関係性を体験することが、その後の他者との信頼関係の基礎になるのである。

〈他者を信頼する基礎の確立その2：エリクソンの漸成発達理論〉

発達心理学者の**エリクソン**（Erikson, E. H.）は、生後1歳半頃までの母子関係において、赤ちゃんの要求が概ねかなえられることで、かけがえのない大切な親という存在、その親に信頼されているという自分の存在を肯定できると述べた（**基本的信頼関係の獲得**）。この体験もまた、その後の他者との信頼関係を築くうえでの基盤となることは言うまでもないだろう。

言語獲得以前の発達段階から、私たちは身近な相手とのコミュニケーションを図ってきた。そこでの体験が、その後のさまざまな場面における相手とのコミュニケーションの基盤となっていることを十分理解しておく必要があるだろう。

（水國　照充）

お互いのことをもっと知り合おう

3

第2章での自己紹介を通じて、他の受講生にはどんな人たちがいるのか少しずつ興味が湧いてきたでしょうか。他の人たちもまた、あなたに興味を持っていることでしょう。良好な対人コミュニケーションの第一歩は、相手に関心を持つことから始まります。そこで第3章では、グループ活動を通じて、もう少し詳しく相手を知るために、また自分を知ってもらうためのコミュニケーションを実践していきましょう。

1.「グループづくり」

(1) 5人1グループをつくろう

ここでは受講生30人を対象とした例として、5人1グループをつくっていきます。グループの組み方は、学籍番号順、氏名のあいうえお順などがありますが、受講者の男女比がある程度等しい場合はできるだけ男女比が等しくなるようなグループづくりを配慮します。全くのランダムによる組み合わせよりも、第2章で取り組んだ課題で話せるようになっている者同士や、多少面識があったり、会話ができていたりする者同士を1組程度含めてグループをつくった方が、グループでの会話のきっかけになることが多いようです。

グループの机といすは、互いに顔を合わせて話し合いがしやすいように適宜移動させましょう。となりのグループと近過ぎると、となりのグループから聞こえてくる会話によって自分のグループメンバーの発言が聞き取れないこともあるので、適度な距離を置いて各グループの場所を決めます。

(2) 始まりのあいさつをしよう

いきなり課題に取り組むのではなく、まずは簡単なあいさつから始めます。グループメンバーがお互いに顔を合わせて、教員の合図で一斉に「よろしくお願いします」と言ってもらうのが良いでしょう。

(3) グループリーダーを決めよう

グループリーダーは、グループ内での会話を促進させる司会進行役です。じゃんけんやくじ引きなどで決めます。立候補者がいる場合は、メンバー間で話し合って適任かどうかを判断してください。グループリーダーは、グループの特定の人ばかりが発言したり、逆に全く発言しないような人ができないように、全員に会話の機会を提供します。「○○について、○○さんどう思いますか」等、積極的に声かけを行ってください。また、他のメンバーはリーダーに協力しながら会話をすすめていきま

しょう。

■■ *2.* グループ課題に取り組む（30分間） ■■

（1）課題シートにメンバー名を記入しよう

教員は、各グループに課題シート「グループメンバーと知り合おう！」を人数分配布します（図3-1）。グループメンバーは課題シートの「氏名」欄に、グループメンバー全員の氏名を記入します。メンバーのニックネームでもかまいません。

（2）メンバーの「イメージ」を選ぼう

各メンバーの「イメージ」欄に記載されている該当しそうな形容詞を3つ以上選び、黒ペンを使って○で囲みます。この時点では、グループメンバーについて詳しくわからないので、自分の印象で選んでかまいません。相手の話し方や態度、しぐさなどを見て選んでみましょう。

（3）自己紹介をしよう

グループ内で順番に自己紹介をしていきます。自己紹介の内容は、課題シート①に挙げられている項目について順に答えていきます。自己紹介の内容でもう少し詳しく聞きたいメンバーは、遠慮なく自己紹介しているメンバーに質問をしてみましょう。ただし、相手が不快に思うような質問はするべきではありません。また、シートにある項目以外でも自分のことを紹介するうえで役立ちそうなことがあれば項目を追加してもかまいません。聞き取った自己紹介の内容は、「メンバーの特徴」欄に記入していきます。グループリーダーは、時間内でメンバー全員が自己紹介できるように配慮しましょう。

（4）「ここがイイね！」を考えよう

1人目の自己紹介が終わったら、「ここがイイね！」欄に、一言コメントします。相手の自己紹介から最も良いと思う点を書いてみましょう。

以上のように、全メンバーからの自己紹介を行います。制限時間に気を配りましょう。

……グループメンバーのことが少しずつわかってきたでしょうか。続いてグループで行う課題ゲームに取り組みます。

グループメンバーと知り合おう！

自己紹介を始める前に、各メンバーについて「この人のイメージ」欄の該当する形容詞を3つ以上選んで黒ペンで○をつけること。次に「メンバーの特徴」欄に、①出身地、②00時代のエピソード、③趣味や好きなこと、④好きな食べ物、⑤好きな芸能人、⑥部活、⑦愛読書、⑧大学に来て驚いたこと、⑨大学の授業情報、⑩学生食堂でお気に入りのメニュー、⑪将来の夢、⑫その他、伝えたいことや聞いてみたいことを8人に入ります。最後に、メンバーと話してみて「すごいな」「いいな」と思ったことを「ここがイイね！」欄に一言記入してみよう。

メンバー名		この人のイメージ（3つ以上選んで黒ペンで○をつける）	メンバーの特徴
フリガナ		前向き・几帳面・社交的・礼儀正しい・優しい・観察力がするどい・責任感がある	
		スポーツ好き・ゲーム好き・ユーモアがある・おおらか・親切・意志が強い・理論的	
氏　名		リーダーシップがある・謙虚・固性的・物静か・冷静・素直・楽観的・気配りのできる	
ここがイイね！			

メンバー名		この人のイメージ（3つ以上選んで黒ペンで○をつける）	メンバーの特徴
フリガナ		前向き・几帳面・社交的・礼儀正しい・優しい・観察力がするどい・責任感がある	
		スポーツ好き・ゲーム好き・ユーモアがある・おおらか・親切・意志が強い・理論的	
氏　名		リーダーシップがある・謙虚・固性的・物静か・冷静・素直・楽観的・気配りのできる	
ここがイイね！			

メンバー名		この人のイメージ（3つ以上選んで黒ペンで○をつける）	メンバーの特徴
フリガナ		前向き・几帳面・社交的・礼儀正しい・優しい・観察力がするどい・責任感がある	
		スポーツ好き・ゲーム好き・ユーモアがある・おおらか・親切・意志が強い・理論的	
氏　名		リーダーシップがある・謙虚・固性的・物静か・冷静・素直・楽観的・気配りのできる	
ここがイイね！			

メンバー名		この人のイメージ（3つ以上選んで黒ペンで○をつける）	メンバーの特徴
フリガナ		前向き・几帳面・社交的・礼儀正しい・優しい・観察力がするどい・責任感がある	
		スポーツ好き・ゲーム好き・ユーモアがある・おおらか・親切・意志が強い・理論的	
氏　名		リーダーシップがある・謙虚・固性的・物静か・冷静・素直・楽観的・気配りのできる	
ここがイイね！			

図3-1　課題シート「グループメンバーと知り合おう！」

3. 課題ゲームに挑戦する① 「同じ文字サーチ」(15分)

グループメンバー間で自己紹介を終えたら、次はグループでゲームに取り組みます。

挑戦するゲームは「同じ文字サーチ」です。ランダムに選ばれたひらがな1文字について、グループメンバーは順番に、選ばれた文字から始まる言葉を1つだけ言っていきます。たとえば、「う」という文字が選ばれた場合なら、最初のメンバーは「うみ」と言います。次のメンバーは「うどん」と、先ほど同様に「う」で始まる言葉を言います。このようにして選ばれた文字から始まる言葉を順番に言っていきます。ただし、すでに言われている言葉は言ってはいけません。制限時間内にどれだけ多くの言葉を言うことができるかグループ間で競います。

〈準備するもの〉

カードにひらがな50音を1音ずつ書いたもの。抽選箱。ストップウォッチ。

〈実施の手順〉

①グループ間で挑戦する順番を決めます(1〜5番目)。

②挑戦するグループは、抽選箱から1枚カードを引いて、裏返したまま教員に渡します。

③教員は、渡されたカードの文字を挑戦するグループに伝えると同時に計時します。

④時間内にいくつ言葉を挙げられたのかを集計します。

⑤以上の手順に沿って、残りのグループも挑戦します。

〈課題のポイント〉

課題ゲーム①では、グループメンバーがお互いに顔を合わせて決められたひらがなから始まる言葉を次々に言っていきます。言葉が出てこないときの表情やそれを見守りハラハラしているメンバーの表情など、いきいきとした表情の変化を互いに楽しみましょう。また、ゲームに挑戦しているグループを他のグループは観察して、表情の変化やゲームの流れを理解していきましょう。

4. 課題ゲームに挑戦する② 「ジェスチャーで伝えよう」(15分)

次のゲームは、「ジェスチャーで伝えよう」です。

机といすを片づけてから、各グループで一列にならんで前を向いて起立します。列の最後尾の人たちだけは、全員が後ろを向きます。次に、教員が列の最後尾の人に、紙に書いたお題を見せます。最後尾の人が10秒間、お題を確認した後、一斉に前を向いて前の人の肩をたたいてジェスチャーでお題を伝えます。ジェスチャータイムは15秒間です。計時は教員が行い、15秒経過したら「交代」と告げます。ジェスチャーで説明された人は、向きを変えて前の人の肩をたたいてジェスチャーでお題を伝えていきます。最後に先頭の人は、ジェスチャーで伝えてもらったお題を言葉で解答します。

〈準備するもの〉

伝言を書く紙(教員用)、ストップウォッチ。

〈課題のポイント〉

課題ゲーム②では、表情だけではなく、全身を使った表現を通して相手にお題を伝えます。大げさ

なくらい一つひとつの動作をジェスチャーで示すことで、相手に情報が伝わる感覚や、予想外に伝わっていく過程をグループメンバーと楽しみましょう。ジェスチャーのような身体表現は、対人コミュニケーションにおいて重要視されているものの、それだけでは的確にメッセージを伝えるのがいかに難しいか、また誤解されてしまうかなどを体験することができます。

■□ 5. 課題のふりかえり ■□

① グループメンバーで輪になって、互いに顔を合わせながら「ありがとう、おつかれさま！」と感謝の気持ちとねぎらいの言葉を掛け合いましょう。

② 先ほど課題シートに黒ペンで〇印をつけた「イメージ」欄について、グループメンバーと一緒に課題に取り組んでみてあらためて感じたメンバーのイメージを、今度は赤ペンを使って〇で囲みます。

　　第一印象のまま変わらないイメージを表す形容詞には、黒ペンの〇印の上に赤ペンで〇印をつけます。多くの学生は、一緒に課題に取り組んだ後にメンバーに対する当初のイメージからさらに追加されるイメージが増える傾向にあるようです。

③ 課題シートの記入が済んだら、次はふりかえりシートに記入しましょう。

学籍番号 ＿＿＿＿＿＿＿＿＿＿
氏　　名 ＿＿＿＿＿＿＿＿＿＿

ふりかえりシート

① 友だちのことがわかってくるとどんな良いことがありましたか。

② 自分のことが友だちにわかってもらえると、どんな良いことがありますか。

③ 今日の授業で積極的に取り組んだこと、もう少しがんばりたかったことを挙げてみましょう。

6.まとめ

　翌週の授業でも、あらたなグループをつくってこの章の課題に取り組んでいきましょう。あらたなグループづくりの際、最初に今回のグループメンバー同士で集まってもらい、1～5の数字のうち、好きな数字をメンバーにそれぞれ1つ選んでもらいます。全員が数字を選んだら、1を選んだ人、2を選んだ人、…5を選んだ人で集まってあらたなグループをつくると、前回とは違ったメンバーで課題に取り組むことができます。

（水國　照充）

心の発達Ⅱ：乳幼児期の友人関係の形成とその機能

　大学に入学してから、新しい友だちは何人くらいできただろうか。講義や部活、サークル活動を通じてあらたな人間関係が形成されていることと思うが、そもそも友だちとの関係はいつから始まるのだろうか。そして、友だちとの関係を通して、私たちはどんなことを学ぶのだろうか。今回は、発達心理学の視点から子どもたちの友人関係の形成とその機能について解説する。

〈友だち関係の原点は赤ちゃんの頃から〉

　乳幼児期において友だちとの関係が形成されるまでの過程を示したのが表③-1である。すでに赤ちゃんの頃から他者とのかかわりが芽生え、幼児期になるとおもちゃや遊びを通じて他者との関係が深まっていくことがわかる。その際、親などの身近な大人が「安全基地」として子どもたちの関係を見守っていることが子どもたちに安心感を与えているといえる。

表③-1　乳幼児期の友だち関係の形成過程 （小野寺．2009より作成）

3〜4ヵ月	他の子どもを見る行動がみられる
5ヵ月	他の子どもをじっと見て、視線を交わす
6〜7ヵ月	ハイハイして相手に触る、触り返すといった身体的相互作用が頻繁になる
8ヵ月以降	他の子どもが持つおもちゃに近づいて取り合ったりする
1歳代	相手が自分の仲間であるという認識が芽生えはじめ、おもちゃを介して相互作用がみられる
12ヵ月頃	おもちゃの交換や取り合いを中心としたかかわり
15ヵ月頃	お互いに声をかけ、相手のまねをしたりする
18ヵ月頃	追いかけっこなどができる この時期、親が「安全基地」としての機能を果たしている

〈子ども同士のケンカやいざこざが社会性を育む〉

　幼児期（1歳から6歳頃）になると、多くの子どもたちは保育園や幼稚園などでの集団生活が始まるが、同年齢集団のなかでは遊びからいざこざに発展したり、ケンカが起こったりは日常茶飯事である。大人から見れば外見も話し方もかわいらしいと思える幼児だが、子どもたち同士の言い争いでは、大人が言われたら心が傷つくような言葉も平気で言ったりする。そんな日常のなかで子どもたちは、次第に①相手を理解し、思いやる心、②集団のルール、③コミュニケーション能力、④欲求や気持ちをがまんすることを体験的に学んでいくのである。

　つまり、多人数での遊びでは、意見の相違やぶつかり合いが少なからず生じるが、そのような場面で自分勝手に感情的にふるまっていると、仲間として受け入れてもらえなくなる。そこで、子どもは自然と仲間に受け入れてもらうにはどうすべきかを学んでいくのである。このことが、子どもたちの社会性を育み、その後のより複雑な集団生活へ適応するための基盤となるのである。

　最近の子どもたちは「キレやすい」と言われる。怒りやいらだちが抑えられず、物に当たる、相手に八つ当たりする、自分を傷つけるなど、子どもの問題行動の始まりはますます低年齢化している。この背景には、子どもたち同士のいざこざやケンカを子どもたち同士で解決する前に、周囲の大人が過剰に介入して大人都合で解決を図り、子ども自身ががまんすることや解決のための手段を学べていないということも考えられる。大人はしっかり見守り、子どもは体験して己を知り、相手を知り、解決を模索することこそが幼児期の友人関係から学べる最も大切なことではないだろうか。

（水國　照充）

聴き上手になろう

コミュニケーションが上手な人は、自分のことを一方的に話したり、ただ聞いたりしているだけではなく、相手との会話の適切なタイミングのなかで自分の思いを伝え、相手の話に耳を傾けて的確に相手の話の要点をつかんでいます。「自分から話すよりも聴く方がまだできていると思う」という人をみかけますが、積極的に聴く立場で聴いているというよりも、あんまり自分からは話せないから、ついつい聴き手に回っているだけ、つまり仕方なく消極的な結果として聴き手に甘んじているだけという人も多いのではないでしょうか。上手なコミュニケーションの第一歩は、相手の話をしっかり聴くことです。「聴く」ことは案外簡単そうに思えるかもしれませんが、実は奥深いのです。

そこでこの章では、相手の話を上手に聴く方法として、「傾聴」の仕方について学習します。

1. 傾聴するとは？

傾聴とは字のごとく、「耳を（話し手に向けて）傾けて聴く」ことを意味します。何かを聞き取る際に、耳は目と違って普段から開かれていますから、音声だけでなく、外界のあらゆる音が聞こえてきます。そして、聞く（聴く）という行為はおろそかに捉えられがちです。また、話し手が、「ちゃんと見て」と言っているのに、聴き手が瞼を閉じていたり、視線が的外れな方向に向いていたりしたら、「ちゃんと見てくれていない」と言われてしまうでしょう。ところが耳は常に開かれているので、話し手からするとちゃんと聴いてくれたのかどうかがわかりづらいので、聴き手は話し手に伝わるようにちゃんと聴いていることを伝える必要があるのです。

かといって、「ちゃんと聴いて」と言われて、「はい、ちゃんと聴いていますよ」と答えるのは、いかにもちゃんと聴いていない印象を与えてしまいそうですね。コミュニケーションの達人ならば、話し手に「ちゃんと聴いて」とは言わせない、むしろ、「（この人はちゃんと聴いてくれているなぁ）」という印象を持ってもらうこともできるのです。

それでは、まずは「聴く」ことをきちんと理解するところから始めます。すでに述べたように、「傾聴」という意味での「聴く」ことは、耳から自然と入ってくる音を「聞く」こととは異なります。積極的に、話し手の言葉を「聴く」ことです。しかも、傾聴では、言葉（言語：verbal）だけを聴き取ることが大切なのではなく、相手の話しているときの感情や表情など、相手の言葉以外のメッセージ、つまり「非言語（non-verbal）メッセージ」を捉えることが大切です。非言語メッセージを的確に捉えて反応することは、話し手の話題に関心を持っていることを示すサインになります。実際に向き合って会話をしているときは、話し手からたくさんのメッセージが届いているのです（第7章参照）。

逆に、メールなどの文字だけでのやりとりでは、相手の伝えたいことと違った理解の仕方をしてしまい、トラブルになった経験のある人もいるかと思います。さて、これらをまとめると「傾聴」とは、

①話し手の言語メッセージを聴く

②話し手の非言語メッセージを捉える

ということになります。

では逆に、「傾聴」ではない例を挙げてみましょう。たとえば次のような聴き手のふるまいは、傾聴しているとは言い難いものです。

①相手が話している途中に割って入って、相手の話を中断させてしまったり、話題をすり替えてしまったりする。

②間髪入れずに話の内容や相手の感情を否定したり批判したりする。

③非言語で相手の話の腰を折る（たとえば、チラチラと時計を見る＝「早くこの話終わらないかな」のサイン）。

④相手の話やそのときの感情をすぐにわかったかのようにふるまう（たとえば、たいして話を聞いていないのに「ワカルー！」などと言ってしまう）。

みなさん、いかがですか？　普段の会話のなかで「傾聴」とは程遠いふるまいになっていませんか。自分ではちゃんと聴いているつもりでも、話し手からすると「あんまりわかってもらえなかった」と思わせてしまっているかもしれません。相手の話によく耳を傾けて、関心を持って聴くことが大切です。

■ 2. 聴き手の姿勢 ■

　話し手の伝えたいことを的確に捉えるには、相手の言葉を耳で聴くだけでは十分ではありません。聴いている姿勢、身体の使い方や表情、視線、相手との距離が重要になります。表4-1 をみてみましょう。

表4-1　聴き手の姿勢 (相川，2000より作成)

聴き手の様子	適切な使用	不適切な使用
動き	話し手に近づく	話し手から遠ざかる
距離	腕を広げたくらいの距離 (50〜150cm)	遠すぎる・近すぎる
高さ	話し手の顔と同じ高さ	話し手の顔より高い
身体の向き	話し手の方に向いている	話し手の方を向いていない
姿勢	リラックスした姿勢・軽い前傾	緊張した姿勢・弛緩しきった姿勢・反り返る
視線	話し手の目を適度に見る	話し手の目を見ない・過度に見る
表情	話の内容とマッチした表情	無表情・話の内容にミスマッチな表情
うなずき	適度にうなずく	過度にうなずく・うなずかない
身体接触	話の内容によってはタッチング	過度のタッチング
手の動き	ほとんど動かさない	腕を組む・髪の毛をもてあそぶ・顔や頭をかく・小物をいじるなど

　この表にあるように、適切に聴くことで話し手は安心して話をすることができるのです。

〔ミニ・エクササイズ①傾聴〕
　表にある適切な聴き方をしてみましょう。先生がこれから短い話をするので、その話を適切な聴き方をしながら聴いてみてください。

3. 傾聴しながら応答する (1)

　相手の話に関心を持って聴くことの大切さを理解したところで、実際に相手が話している際に、みなさんはどのように反応しているでしょうか。おそらくほとんどの人は、意識せずに相手の話に合わせて「へぇ」「うん」などとあいづちを打っているでしょう。また、あいづちを打ちながら、これまた無意識にうなずいたり、表情を変化させたりしているでしょう。実は、このようなあいづちやうなずきは、聴き手から話し手へ「あなたの話をちゃんと聴いています」ということを伝える大切な要素になっているのです。

　もしあなたが、真剣に話を聴いてもらいたいときに、相手がうんともすんとも言わず、微動だにしなければ、まるで独り言を言っている気分になるでしょう。また、相手が「うん」等とあいづちを打つだけで、全身が硬直して動かなければ、関心を持ってくれていないと感じるでしょう。

　ほとんどの人は、自然とあいづちを打ったり、うなずきをしながら相手の話を聴いていますが、聴き上手になるために、一歩進んだあいづちやうなずきを心がけてみましょう。

　あいづちを上手に行うポイントは、「うん」「へぇ」などの発する言葉のバリエーションを増やすことです。たとえば、毎回「へぇ」ばかりですと、

　　　話し手：「昨日は危なかったんだよ」
　　　聴き手：「へぇ」
　　　話し手：「部活が終わって家に帰ったらさ」
　　　聴き手：「へぇ」
　　　話し手：「突然、家の塀が倒れて来てもうビックリ」
　　　聴き手：「へぇ」
　　　話し手：「…って、ちゃんと聴いてる？」

　いかがですか？　まるで落語のようなオチでしたが、話し手にしてみるととんだ災難話ですから、笑い話としてまとめてしまってはあまりにもひどいですよね。しかも、あいづちが「へぇ」だけですから、話し手にしてみれば関心を持って聴いてもらっているとは思えないでしょうね。

　あいづちのバリエーションを増やすと、こんな会話が展開します。

　　　話し手：「昨日は危なかったんだよ」
　　　聴き手：「ほぉ？」

話し手：「部活が終わって家に帰ったらさ」

聴き手：「うんうん」

話し手：「突然、家の塀が倒れて来てもうビックリ」

聴き手：「へぇー！！」

話し手：「やべェ（ヤバイ）でしょ〜」

またもや落語のオチのようになっていますが、前の例とは違って話し手の話題に沿ってあいづちを変化させることで、話し手にとって話しやすい印象を与えていることに気がついたでしょうか。

そして、ここでもうひとつ大切なポイントがあります。それは、あいづちに抑揚をつけるということです。文章ではなかなかお伝えするのが難しいのですが、同じ「へぇ」でも、低いトーンで「へぇ」と言う場合と、高いトーンで音量を大きくして「へぇ」と言う場合では、あきらかに「へぇ」のもたらす相手へのインパクトが違いますね。相手の話を促進させる効果が期待できます。

そのほか、あいづちのテンポ、リズム、音質も話題に適切に対応していることが良いあいづちの条件といえます。

また、あいづちとともにうなずきも適切に用いられる必要があります。たとえば、「うん」とあいづちを打って、頭を縦に振る動作を考えてみましょう。話題によってこの動作にも緩急をつけなくてはせっかくのあいづちが役立ちません。

話し手：（速いテンポで興奮気味に）「そしたらさ」

聴き手：（速いテンポで頭を縦に振りながら）「うんうん」

話し手：（ゆっくりしたテンポで深刻そうに）「そしたらさ」

聴き手：（ゆっくりとしたテンポで頭を縦に振りながら）「うん」

話し手の話題や相手の話のテンポなどを参考にしながら適切にあいづちを打つことがコミュニケーション上達の一歩です。

〔ミニ・エクササイズ②傾聴と応答〕

　2人1組になって、1人は話し手に、もう1人は聴き手になります。話し手はどんな話題でもかまわないので聴き手に向かって話をします。聴き手は、最初の1分間は、あいづちもうなずきもせず、黙って話を聴いてください。1分経ったら次はあいづちとうなずきを適度に用いて、1分間、話し手の話を積極的に傾聴してみましょう。2分経過したら役割を交代します。2人とも話し手と聴き手の役割を終えたら、互いに練習した感想を伝えあいましょう。

4. 傾聴しながら応答する (2)

　適切なあいづちやうなずきは話し手の話す意欲を高め、会話を促進させます。だからといって、聴き手の応答がすべてあいづちとうなずきだけでは話し手にとっては物足りないですね。話し手の話題をちゃんと聴いていることをより明確に示す方法として、話し手の言葉や意味を捉えて応答する方法を次に考えてみましょう。

(1) 簡単な応答

　　話し手：「面接で落とされてさ…。結構自信あったんだけどダメでさ。なんかもう、正直ツライよ」
　　聴き手：「それはツライ」

　話し手の気分が落ち込んでいたり、悩んでいたりする場合は特に、話し手にとっては自分の感情を聴き手にわかってもらいたい気持ちがあります。そこで、応答する際にポイントになることは、話し手の感情を表す言葉を捉えて、それをそのまま話し手に返すことです。
　ところが、相手の感情状態を表す言葉をそのまま用いて伝える方法は、多用し過ぎると聴き手がちゃんと聴いていないと思われてしまいます。

　　話し手：「面接で落とされてさ…。結構自信あったんだけどダメでさ。なんかもう、正直ツライよ」
　　聴き手：「それはツライ」
　　話し手：「もうやる気が出ないよ」
　　聴き手：「もうやる気が出ない」
　　話し手：「どうしたらいいか」
　　聴き手：「どうしたらいいか」

　このように、相手の言葉をむやみに繰り返すだけでは、傾聴しているとは言えなくなるので注意が必要です。
　それでは、さらに応答の仕方のレベルをあげて考えてみましょう。

(2) 言い換える応答

　　話し手：「面接で落とされてさ…。結構自信あったんだけどダメでさ。なんかもう、正直ツライよ」
　　聴き手：「それは悔しいね」

　2つ目の例は、相手の感情状態を言い換えて相手に伝える方法です。話し手の理解してもらいたい言葉や感情を違う言葉に言い換える方法です。先に挙げた例と合わせて適度に使用することがよいでしょう。2つ目の例では、話し手が自信を持って臨んだ面接の結果、不合格だったことで生じたであろう悔しさを話し手に伝えています。このように、言い換えることは、それが適切であれば話し手に

とっては気持ちを共有してもらえたと感じることになります。

（3）まとめる応答

話し手：「面接で落とされてさ…。結構自信あったんだけどダメでさ。なんかもう、正直ツライよ」
聴き手：「自信あったのにダメだったなんて、それはツライよ」

さらに応答を確かなものにするために、話し手の言ったことを要約して返します。話し手の話題の要点を的確に捉えて要約するわけですから、しっかり聴いていないと要約できません。適切に要約して返すことは、話し手に「聴いてもらっている、わかってもらえた」と感じさせることになります。また、話題が多岐に及んでいる場合は、「つまり…ということ？」と話し手の話の内容を確認することにもなりますので、聴き手が正確に傾聴しているかどうかを確かめる手段とも言えます。

〔ミニ・エクササイズ③ ３つの応答〕

　２人１組になって、１人は話し手に、もう１人は聴き手になります。話し手は、嬉しかった話、困った話、悲しかった話などの感情があらわれる話題を選んで聴き手に向かって話をします。聴き手は、(1) 簡単な応答、(2) 言い換える応答、(3) まとめる応答を用いて、話し手の話を積極的に傾聴してみましょう。３分経ったら役割を交代します。２人とも話し手と聴き手の役割を終えたら、互いに練習した感想を伝えあいましょう。

---

5. 質問をしてみる

　相手が話し出せずにいる場合や話し手の話した内容についてより詳しく聴いてみる場合には、質問をすることで相手は話がしやすくなります。質問の仕方には２つあります。

開かれた質問	閉ざされた質問
話し手「昨日ね、遊園地に行ったんだよ」 聴き手「どうだった？」 話し手「とても楽しかったよ」	話し手「昨日ね、遊園地に行ったんだよ」 聴き手「混んでた？」 話し手「うん、とても混んでたよ」

　開かれた質問は、話し手の話題を広げるのに役立ちます。一方で、閉ざされた質問は、特定のことがらについてたずねるもので、話し手は基本的に「はい」か「いいえ」で答えられる質問の仕方です。

　普段の会話で、会話が続かないと思っている人は、開かれた質問をすることで会話の幅が広がり、会話が続くようになるでしょう。また、なかなか話し出せずにいる人へは、閉ざされた質問をすることで簡単に答えやすくすることができます。

　留意しておくことは、閉ざされた質問は多用し過ぎると、聴き手が聴きたいように聴く方向にもっ

ていってしまうおそれがあるということです。話し手からすると、本当はそのことを伝えたいわけではないのに、閉ざされた質問によって誘導されてしまうというわけです。

〔ミニ・エクササイズ④開かれた質問と閉ざされた質問〕
　２人１組になって、１人は話し手に、もう１人は聴き手になります。話し手は、どんな話題でもかまわないので聴き手に向かって話をします。聴き手は、(1) 開かれた質問、(2) 閉ざされた質問をして、話し手の話を積極的に傾聴してみましょう。１分経ったら役割を交代します。２人とも話し手と聴き手の役割を終えたら、互いに練習した感想を伝えあいましょう。

6. 話し手の非言語メッセージを読み取る

　すでに述べたように、コミュニケーションにおいて話し手からの非言語メッセージには言語メッセージに勝るとも劣らない重要な意味が含まれています。たとえば、隠し事をしていて知られるのを恐れている人は、視線が定まらずに表情は硬くなっているかもしれません。また、「ちゃんとしなさい」という言葉を発しながら、話し手の眉間にしわが寄っていて、大きな声で、怒りの表情を示している場合と、同じ「ちゃんとしなさい」でも、優しい口調で穏やかな表情を浮かべながら言ってくるのでは、その言葉の意味や聴き手への期待度も大きく異なることでしょう。

〔ミニ・エクササイズ⑤非言語メッセージの読み取り〕
　２人１組になって、１人は話し手に、もう１人は聴き手になります。話し手は、どんな話題でもかまわないので聴き手に向かって話をします。聴き手は、話し手の表情、視線、音声の特徴、身体の動きを記録してください。１分経ったら役割を交代します。２人とも話し手と聴き手の役割を終えたら、互いに記録した内容を伝えあいましょう。

7. ま　と　め

　この章では、コミュニケーションの基本である傾聴について学習しました。章の冒頭で述べたように、相手との良好なコミュニケーションを図るには、「聞く」のではなくて「聴く」ことが大切です。学んだことが自然と身につくように、普段から意識して傾聴に取り組んでみましょう。

（水國　照充）

〈記憶の仕組み〉

　ドラマには主人公がいて、その人間関係や出来事を覚えていないと、ストーリーそのものを楽しめない。前回までの流れを記憶していないと、誰がキーパーソンなのか、どんな出来事があったのかがわからないためだ。主人公の友人の名前を思い出せなかったり、ストーリーを忘れてしまったり、過去のエピソードが後の展開に結びつくなど、ドラマを楽しむには覚えていることが重要になる。

　記憶には、外界からの情報を覚えこむ「**記銘**」、覚えた内容をキープする「**保持**」、思い出す「**探索**（＝想起）」という３つのプロセスがある。人間の記憶をコンピュータに置きかえてたとえると、文章をキーボードで入力する＝記銘、入力したものを USB に保存する＝保持、それらをまた作業するために USB から取り出し、デスクトップ上に表示させる＝探索ということができる。

　アトキンソンとシフリン（Atkinson, R. L., & Shiffrin, R. M. 1971）もまた記憶をこのようなモデル（図④-1）で捉えた。目や耳などの感覚器官を通して外界から刺激情報が入力されると、感覚貯蔵庫で瞬時に感覚イメージが保持される。ここで注意が向けられ選択された情報の一部が次の短期貯蔵庫（＝**短期記憶**）に送られる。短期記憶では数十秒で情報が消失してしまうため、主に**リハーサル**（＝繰り返し）で能動的に処理し、一部の情報だけが長期貯蔵庫（＝**長期記憶**）に送られる。長期記憶は短期記憶と異なり無制限に情報が保持される。

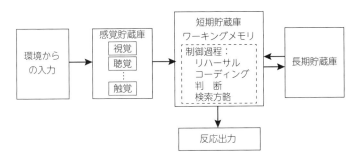

図④-1　記憶の二重貯蔵モデル

〈感　覚　記　憶〉

　目や耳などの感覚器官を通して、外界の情報がごく短時間ながら正確に感覚貯蔵庫に入力され、保持すなわちキープされる。感覚記憶の容量は無制限だが、視覚的情報は約１秒、聴覚的情報は約４秒で消失する。つまり、注意が向けられない情報は意識さえ向けられることなく消えてゆく。

〈短　期　記　憶〉

　感覚記憶で注意が向けられた情報のみが短期記憶に送られる。短期記憶はいわば一時的な記憶で、容量に限界があり、電話番号程度の桁数しか保持できない。ミラー（Miller, G. A. 1956）はこの容量をマジカルナンバー7「7±2」と説明した。個々の数字でも、人名やものの名前のように数文字からなる単語で蓄えられる記憶が５〜９個というわけでなく、ひとまとまりの記憶処理ユニット、チャンク数が問題になる。たとえば、「さやえんどう」は１つずつの文字単位では６チャンクだが、１つの単語とすると１チャンクになる。この理論によると携帯電話の電話番号は 000-0000-0000 と 11 桁で覚えることが難しいが、ハイフンごとに３チャンクとすると覚えやすくなる。

　また、時間的な制限があり、記憶されたものは数十秒程度で消失してしまう。ただし、**リハーサル**（復唱）で情報を更新していると 30 秒程度保持できる。たとえば、見知らぬ番号に電話をかけるとき、電話するまではその番号を覚えていられるが、通話が済むと番号を忘れてしまうのは、この短期記憶のはたらきによるもの

と考えられる。

　これにくわえ、たとえば、所持金が1000円しかなく、コンビニで買い物をした後、パン屋でパンを買わなくてはならないとする。コンビニで支払った金額と残金を一時的に覚え、どのくらいの金額のパンが買えるかを検討しなければならない。このようにある課題を遂行する際に使われる一時的な記憶保持を**作業記憶**（＝**ワーキングメモリ**）とよぶ。

　〈長　期　記　憶〉
　短期記憶に蓄えられた情報の一部は、反復やリハーサルで長期記憶に送られる。長期記憶では情報が永続的、容量無制限で保持される。同級生の顔や自宅の住所、何度も口に出して覚えた歴史年表、夏休みの思い出などは長期記憶に蓄えられている。

　たとえば、「3年前の冬、家族と沖縄に旅行した」「昨日、友だちの家で夕食を食べた」のように、時間・空間的に特定できる自分の経験した出来事の記憶を**エピソード記憶**という。また、「日本の首都は東京である」など、特定の場所や時間と結びつかない一般的知識を**意味記憶**とよぶ。これに対し、その内容を正確に言葉にできない自転車の乗り方、歯磨き、食事の仕方、トイレの済ませ方などのように、いわゆる体で覚えるなんらかのやり方に関する記憶を**手続き記憶**（図④-2）という。

　〈展　望　記　憶〉
　記憶とは過去の出来事を覚えているだけでなく、「来週末に友だちに会う」、のように、未来にすべきことがらを覚え、適切なときに作業をする、思い出す（＝**展望記憶**）なども含まれる。むしろ、友人との約束を守れなかったとき、信用を失うなどの結果を警戒して、手帳やスマートフォンに記録して、忘れないように工夫するのだが、これらの効率的な管理も記憶能力ととらえることができる。

　〈忘　却　曲　線〉
　記憶（記銘・保持・探索（想起））は時間経過によってどう変化するのだろうか。エビングハウス（Ebbinghaus, H. 1885）は**忘却曲線**という形でこれらを説明した。記憶したものは、20分後42%、1時間後56%、1日後74%が忘れられてしまう。試験前にさまざまな知識を頑張って暗記しても、一晩経つと忘れてしまうのは、このような記憶の仕組みによるものである。ただし、一度記憶に残ったものが、その後長い時間が経っても忘れることがないのは、その情報が長期記憶に蓄えられているためと考えられている。

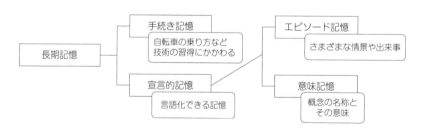

図④-2　長期記憶の種類とそれぞれの特徴

（青木　智子）

傾聴のスキルを使って
信頼関係を築こう

5

第4章では良いコミュニケーションのための第一歩として「傾聴」の方法を学びました。「聴く」ことは、人間関係をつくる基礎であり、会話や関係性の善し悪しを決めるのは、話し方ではなく、聴き方であることがわかりました。

　人は、自分の話に真剣に耳を傾け、共感を持って聴いてくれる相手には良い印象を持ちます。そんな態度を示されると、他では言えない本音や、通常は隠しておきたい恥ずかしい部分までさらけだすことも、できるようになります。そうやって他の人には見せられない自分を受けとめてもらう（受容される）機会が積み重なることで、人と人との間に相互の信頼関係（ラポール）が生まれます。『「傾聴」はカウンセリングの基本』と言われるゆえんです。この章では、「傾聴」のスキルを発展させ、共感的・受容的な聴き方について学び、他者とラポールを築くスキルを磨きましょう。

■ *1.*「傾聴」は信頼関係（ラポール）を築くスキル ■

「この人になら何を話してもいい」と思ってもらうためには、まずは話し手に気持ちよく話してもらう必要があります。何よりも大切なのは、「主人公は話し手である」ことを忘れないで「聴く」姿勢に徹することです。

　人はそもそも、「聴く」よりも「しゃべりたがり」にできています。話し手が悩んでいたり、落ち込んでいたりして、誰かに話を聴いて欲しい状態にあればあるほど、聴き手には「なんとかしてあげたい」という親切心がはたらき、ついつい自分の意見を言いたくなってしまいます。でもそこはグッと我慢し、ひたすら話し手の言うことに耳を傾けましょう。

　「聴く」と「話す」の割合は、7対3くらいになるのがベストですが、意識のうえでは8対2くらいを心がけるとよいかもしれません。「3割話そう」と思うと、実は4割くらい話してしまっていることがよくあるのです。

　やってしまいがちなのは相手が黙っていると、沈黙の空気に耐えられず、聴き手がしゃべり出してしまうこと。話し手は、聴き手の質問を吟味していたり、自分のなかで問題を整理しているのかもしれません。長い時間考え、ていねいに言葉を選んで発する人もいます。沈黙も「その人の大切なメッセージ」と考え、先走って話してしまわず、話し手のペースに合わせる気持ちが大切です。

■▪ 2. 受容と共感 ▪■

　受容とは、相手の存在そのものを受けとめることです。共感とは相手が感じている感情を共有することです。受容も共感も、「傾聴」の大切さを説いた来談者中心療法の創始者である心理学者ロジャーズ (Rogers, C. R.) が、「カウンセラーの基本的態度」として重視しました。現在は、来談者中心療法のみならず、あらゆる心理療法のセラピストやカウンセラー、対人援助職が取るべき態度として必要なものと考えられています。

　しかし、そうは言っても「受容する」とか「共感する」というのは、そう簡単にできることではありません。いったいどういう態度で接すれば、話し手が「受容されている」とか「共感されている」と感じてくれるのかも、具体的に示すことは難しいでしょう。なぜなら、その場の状況、話し手の様子や性格、聴き手と話し手の関係などによって、共感的な態度は変化するからです。

　たとえば、「小さい頃にいじめられた」という体験をとても辛そうに話す人もいれば、笑い話のように語る人もいます。笑い話として語る人のなかにも、本気で笑い飛ばせる人がいる一方、辛さをごまかしているだけの人もいます。また、聴き手と話し手との間にどの程度、信頼関係が成立しているかによっても違うでしょう。話し手が本気で笑い飛ばせているからと言って、出会ってまもない、まだ信頼関係が成立していない聴き手が、一緒に大笑いしたら、話し手が腹を立てることも考えられます。

　このように、関係性や状況によって、話し手が「受容された」とか「共感してもらえた」と感じる態度はさまざまです。あえて言葉で表現するとしたら、「自分の価値観や考え方は横に置いて、話し手の生き方、言動や価値観、考え方をジャッジせず、そのままで受けとめようとする」態度と言えるでしょう。くれぐれも話していることを頭から否定したり、話し手から話題を奪ったり、話の腰を折ったりしないよう、気をつけましょう。聴き手が興味のあることだけを質問するようなことも避けましょう。

　また、「いつかいいこともありますよ」という常套句や、「きっと大丈夫」など、安易な慰めもよくありません。逆に不信感につながります。

■▪ 3. 非言語メッセージを大切に ▪■

　「傾聴」の際は、話し手の言葉になっていないメッセージ（非言語メッセージ）に注目することが大切です。相手の表情や動きはもちろん、服装や持ち物、話しているときの態度なども、すべて重要な情報になります。話し手が「何を話しているのか」ではなく、「何を言わんとしているのか」を理解するよう努めなければなりません。

　また、話し手も聴き手の非言語メッセージを受け取っていることを忘れないようにしましょう。話し手は常に「この人はちゃんと自分の話を聴いてくれる人か」と考え、「この人は心の内を打ち明けて大丈夫な人かどうか」を判断しようと、聴き手の様子に細心の注意を払っています。たとえ肩書きや見かけが立派でも、見下したような態度を取ったり、そっぽを向いていたり、つまらなそうにして

いる聴き手には心を開いてくれません。

　聴き手は常に話し手に見られていることを意識し、自分のあらゆる非言語メッセージが、相手に伝わっていると自覚しながら、話し手に向き合いましょう。

4. 解決策を知っているのは当事者

　先ほど「聴き手がしゃべりすぎてしまう原因のひとつは親切心」だと述べました。親切な人ほど話し手が困っていると「どうにか解決してあげなければ」と、ついつい解決策を示したり、何かアドバイスをしたくなってしまいます。

　でも世のなかには正解がないこともたくさんあります。たとえば転職をするのかしないのか。実家で暮らすのか、一人暮らしを始めるべきか。思い切って手術をするべきか投薬治療にするか。親の介護を引き受けるべきか否か。悩みが大きく、深刻になればなるほど、解決策は話し手の価値観や生き方に左右されます。

　多くの場合、話し手は話を聴いてもらっているうちに、気づいていなかった自分の気持ちに気づいたり、問題を整理したりして、自分の力で解決策を見つけます。よい聴き手というのは、アドバイスや解決策を示す人ではなく、気づきをうながし、話し手が解決策にたどり着くようなサポートができる人のことです。

　ただし、聴き役に徹するあまり、受け身になりすぎるのも禁物です。第4章で学んだように、あいづちにバリエーションを持たせたり、話し手の話を繰り返したり、言い換えたり、まとめたりしながら、話し手に関心を持ってしっかりと応答していきましょう。また、話が発展するような質問も大切です。ときと場合によっては、十分に話を聴いたうえで「私（聴き手）はこんなふうに考えますが、いかがでしょう」などと返すことも必要になります。

　　　〔ミニ・エクササイズ①信頼関係をつくるための「傾聴」〕
　信頼関係（ラポール）を築くため「傾聴」のスキルを応用してみましょう。話し手に共感・受容し、また、自分も共感・受容される体験をしてみましょう。
　きちんと共感的、受容的に話が聴けているのかをオブザーバー役の人にチェックしてもらいましょう。
〈準　　備〉
　まず、3人1組になってください。
　次に自分が話し手（相談者）役になったときに、話す（相談する）内容を考えます。プライベートな話をする可能性があると思うので、「今、ここで話しても大丈夫かどうか」をセルフチェックし、話すことにためらいを感じる内容は無理に話さないようにしてください。
　どうしても自分の話をしたくない人、話題が浮かばない人は、たとえば最近見たドラマの主人公や読んだ漫画に出てきた誰かになったつもりで相談するなど、工夫してください。
　相談内容が決まったら、聴き手、話し手、オブザーバーを務める順番を決めてください。必ず全員が、それぞれの役割を一度は体験してもらいます。

〈実施の手順〉

(1) 準備ができたら、ワークを始めます。相談時間は1人15分です。自分が聴き手のときにオブザーバーを務める人に、自分のチェック表（以下）を渡してください。オブザーバーの人は、聴き手と話し手のやりとりを注意深く観察しながら、チェック表に記入していきます。くれぐれも2人のやりとりに口を出さないで、傍観者・観察者に徹してください。

(2) 3人全員が話し手を体験したら、各自がオブザーバーだったときにチェックした表を、そのとき聴き手だった人に渡し、気づいた点や良くできた点、感想等を伝えましょう。

〈フィードバック〉

(1) オブザーバーの話が終わったら、3人全員でワークをしてみてどうだったか、聴き手のとき何を感じたか、何が難しかったかや、話し手として話しやすかったかどうかなどを話し合いましょう。

(2) オブザーバーの話や、3人での話し合いを踏まえて自分の「傾聴」の態度をふりかえってみましょう。

信頼関係をつくる「傾聴」のワーク　チェック表

オブザーバー	学籍番号	氏名
聴き役	学籍番号	氏名
相談役	学籍番号	氏名

　下記の項目について、聴き役の態度や姿勢をチェックし、それぞれ「いる」「いない」「どちらでもない」で評価してみよう。

①興味を持って相談役の話を聴こうとしている。

②苦手意識を持っていたり、不安げに聴いている。

③話を広げることや話の展開に困っている。

④相談役の価値観や考えを受容できている。

⑤聴き役の価値観や経験を話している。

⑥聴き役が、答え(解決)を急いでいる、聴き役からの解決方法の提示になっている。

⑦相談役より聴き役のほうが多く話している。

⑧相談役の話を途中で切って(取って)しまっている。

⑨相談役の相談内容を掘り下げて聴くことができている。

⑩相談役のお互いの非言語メッセージも大事にしている。

■▪ 5. 自分の「聴く」態度を客観的に見つめる ▪■

　15分という長さは短く感じたでしょうか。それとも長く感じたでしょうか。聴き手としての傾向や課題は見えましたか。もし、時間が許せば、聴く時間を1人30分くらい取ると、さらに練習になるでしょう。

　「適切に質問しましょう」「相手の話を受容しましょう」「共感的に聴きましょう」……。言葉で言うことはかんたんですが実際にやってみると思いの外、難しいことがわかったのではないでしょうか。

　相手が黙り込んでしまったり、次の質問が思い浮かばなかったりして、困ったりはしませんでしたか。話し手が、考えるために沈黙の時間が必要なのはいいですが、会話が続かなくて「聴き手が沈黙する」ことになっては困りますね。聴き手の戸惑いや焦りは、話し手に伝わりますから、「この人に話して大丈夫なのか」などという不安をかき立て、話し手が安全に話せなくなってしまいます。

　今、自分の聴き手としての態度はどうなのだろうか。どんないいところがあり、どんな課題があるのかを客観的に見つめておくことは大切です。

　　　　〔ミニ・エクササイズ②自分の「傾聴」のスキルをふり返る〕
(1)「傾聴」のワークを行った感想や、オブザーバーから指摘されたこと、3人で話し合ったときに出てきたことなどを整理し、まとめてみましょう。

　　話し手だったとき、聴き手に共感的、受容的に受けとめてもらえた感じがしたでしょうか。もし、話しにくいと感じたのなら、それはどうしてだったのでしょう。

　　聴き手だったときには、相手のノンバーバルなメッセージまで理解しようと努力できたでしょうか。しゃべりすぎてしまったり、質問が浮かばなかったりしたことはないでしょうか。
(2) まとめた内容をクラス全体でシェアしてみましょう。

　　他の人たちの課題と自分の課題に共通点はあったでしょうか。聴き手のとき、自分はどんな態度を取る傾向があったでしょうか。話し手の話を聴いているとき、自分のなかにどんな感情が動いているか気がついたでしょうか。

　　困ったことや難しかったことがあれば、どんな話題のときに、どんなことで困ったのかを具体的にふりかえってみましょう。

　　ワークをしてみて感じたこと、学んだことをみんなと話し合い、もし課題があるならばどうしたらいいかを一緒に考えましょう。

■▪ 6. よくある課題の例 ▪■

（1）話が続かなかった

①「開かれた質問を心がけたのですが、話し手が黙ってしまいました」
②「自分には知識のないことを話し手が話していたので質問が浮かびませんでした」

③「自分が興味を持てない話題だったので話が途切れてしまいました」

そんな意見をよく聞きます。①のようになってしまった人は、「あなたはどう思いますか」「これからどうしたいですか」など、やたらに話し手に委ねるような質問を繰り返してはいなかったかどうか振り返ってみてください。話し手からすれば「それがわからないから困っている」というような質問ばかりをぶつけていたかもしれません。

開かれた質問は自由度が高い分だけ、話し手の言語化する力に左右されます。閉じられた質問とのバランスを考えて使ったり、状況に応じて三択の回答などを提示してみるのもよいでしょう。

②のようになってしまった人は、「知らないことを教えてもらうつもりで聴く」ということを心がけてみましょう。知識がないということは、教えてもらうべきことがたくさんあるということです。

もし、野球好きの話し手に、全く野球を知らない聴き手が質問するなら、野球の人数、ルール、好きなチーム、人気のある選手は誰なのか、歴史に名を残した選手はどんな人……逆にたくさん聞けることがあるはずです。野球好きの話し手は、あなたが「教えてください」という姿勢で臨めば、きっと喜んで教えてくれるはずです。

「知識のない話は聴けない」と思ってしまう背景に、「よい助言をしてあげなければ」という気持ちが隠れていたりはしませんか？　そういう気持ちがあると、「自分の方がちゃんと知っていなければならない」と考えてしまい、「教わろう」と思いにくくなります。自分の心のなかで動いている感情や気持ちをチェックすることも、良い聴き手になるためには必要です。

③話題そのものには興味がなかったとしても、その話をしている話し手に関心を持つことはできるのではないでしょうか。

たとえば話し手が大の釣り好きだったとします。ところが、聴き手であるあなたは人生のなかで一度も釣りをやったことがありません。それどころか「あんなじーっと魚がかかるのを待っているなんて退屈なだけ」と思っているとします。ちょっと逆説的な言い方ですが、「自分が全く興味を持てない釣りというものに興味を持つ話し手は、いったいどんな人なんだろう？」という興味が湧いてきませんか。

そんなふうに思えたら、「なぜこの人は、釣りが好きになったんだろう」「今まで、どんなところでどんな魚を釣ったことがあるんだろう」「いったい釣りのどこにそんな魅力があるんだろう」……質問はいくらでも出てきそうです。

（2）うまく受容できなかった

話の内容によっては、聴き手が受容しにくいことがあって当たり前です。聴き手には聴き手の価値観があり、考え方があります。それは必ずしも話し手と一致するとは限りません。もしかしたらまるで違うかもしれません。

たとえば話し手が、「学校で隣の席の子をターゲットにしていじめている」話を楽しそうに語ったらどうでしょう。聴き手の心のなかに「どうしてこんなひどい話を楽しそうにするのか」「こんな人の話はとても聴きたくない」という思いが生じても、不思議はないでしょう。

こういうときには、「受容は許容とは違う」ということを念頭に置きながら話を聴きましょう。読

んで字のごとく、許容とは「許して受け入れる」ことです。いじめの話で言えば、いじめという行為をすることも許すことになりますから、聴き手の価値観に反することをしなければならなくなります。対して受容とは、いじめという行為そのものを許すわけではありません。今、いじめという許し難い行為をしている話し手のことを受けとめて、話し手のことを受け入れるわけですから、聴き手の価値観とぶつかることはありませんね。

(3) 共感が難しかった

十分に話し手に共感することができたでしょうか。「わかる、わかる！」と、友だちとおしゃべりするときのように"ノリ"で受け答えをしてしまってはいませんでしたか。または、共感が難しいからと言ってやたらと励ましてしまったり、「かわいそう」と同情ばかりしてしまったりはしませんでしたか。

共感が難しいときは、話し手が置かれている環境や状況など、その背景に注目するようにしましょう。たとえば「資格試験に落ちた」と嘆く話し手を前に、聴き手のあなたは、「それならまた次回、がんばればいいじゃない」という気持ちになってしまったとします。こうなると、共感しながら聴くのは難しく、どうしても表面だけの同調のような態度を取ってしまいがちです。

そんなときには、資格試験に臨むまでの努力やまわりの人たちの協力はどんなものだったのか、どうしてその資格を取りたかったのか、その資格を取得することは話し手にとってどんな意味があったのかなどの質問を重ね、話し手の背景を理解するようにします。

人間は、相手のことを知れば知るほど親しみを覚え、気持ちを傾けやすくなります。背景を詳しく知ることで、あなたの経験と重なる部分が見つかったり、頑張りや努力に触れることで好感を持ちやすくなることもあるでしょう。

また、そうやっていろいろな角度から、一生懸命に話を聴こうとする聴き手の態度は「自分に関心を持ってくれている」「この人は一生懸命に私の話を聴こうとしてくれている」という思いを話し手にもたらすという効果もあります。

人は自分に興味を持って応答してくれる他者に信頼を寄せる生き物です。こうした態度で「聴こう」とすることが、信頼関係（ラポール）の基礎をつくってくれます。

〔ミニ・エクササイズ③「傾聴」のスキルを実践に生かす〕
「子どもが言うことをきかないと、つい叩いてしまう」と相談されたら、あなたはどんなふうに話を聴きますか。
「子どもを叩く」ということは、虐待とも取れる、社会的にも許されない行為です。そんな反社会的行為をしてしまう人にどうやって共感し、受容し、傾聴していくでしょうか。
どんな質問をすることができれば、話し手は心を開き、聴き手を信用してくれるでしょうか。

絶対にやってはいけないのは、話し手を非難したり、叱ることです。子どもを叩きたくて叩く親はめったにいません。本当はかわいがってあげたいのに、叩きたくはないのに、「ついカッとなって叩

いてしまう」という場合がほとんどでしょう。

　そうした「本当はこんなことはしたくないのに」という、語られていない話し手の本心を想像しながら、「自分でもしたくないことをやってしまう」話し手の辛さに共感しつつ、「あなたのことを受けとめる準備がありますよ」という態度を示しながら向き合いましょう。そして、信頼関係（ラポール）を築けるような質問をしていきます。たとえば、次のような例はどうでしょう。

　①子どもを叩いてしまったときは、どんな気持ちになりますか。
　②どういうときに子どもを叩いてしまうことが多いのでしょうか。
　③叩かないといられないような辛いものを抱えているのですか。

　聴き手としては、「子どもを叩くなんて許せない」「子どもがかわいそう」という思いに駆られることもあるかもしれませんが、「どうしたら叩くことをやめられるか」というような質問は、話し手に「叩くことはいけないと非難された」ような気持ちを喚起する可能性があります。

　十分に信頼関係（ラポール）ができ、話し手自身の口から「どうしたら叩くことをやめられるだろう」という話が出るまでは、そうした質問は控えるようにした方が無難でしょう。

7. ま と め

　この章では「傾聴」のスキルを使って信頼関係（ラポール）を築く方法を学んできました。受容や共感の大切さについても繰り返し述べてきました。でも聴き手も人間です。どんなにがんばってもうまく受容したり共感したりできないこともあり得ます。聴いていて、自分の感情が高まってしまうこともあるでしょう。

　聴き手が感情を爆発させたり、嫌な態度やおせっかいなアドバイスをしてしまわないように、常に自分の感情や状態を客観的に見つめるようにしておきましょう。話し手は自分とは違う人間なのですから、その考えや感情に巻き込まれないよう、「自分（聴き手）」と「相手（話し手）」の感情や状況を分け、「これは話し手の問題で、答えを出すのはあくまでも話し手である」ことを忘れないようにしましょう。話し手のなかには、ちゃんと「自分で解決する力」があることを信じながら、「傾聴」していくことが大切です。

（木附　千晶）

＊心理学の話⑤ 知能 (intelligence)

「知能」ときいて、みなさんはどのようなイメージを抱くだろうか。一般的に知能が高いといえば「頭が良い」「勉強ができる」「頭の回転が速い」といったことがいわれるが、心理学では知能をどのように捉えているのかを紹介しよう。

〈知能の定義〉

心理学の分野において知能の研究は 100 年以上経過しているが、定義に関してはいまだに多くの議論が続いている。概ね世界の知能研究者の多くが合意した見解は以下のとおりである。

「知能とは、推論し、計画を立て、問題を解決し、抽象的に考え、複雑な考えを理解し、すばやく学習する、あるいは経験から学習するための能力を含む一般的な知的能力である。単に本からの学習だったり、狭い学問的な技能だったり、テストで良い点をとるためのものではない。むしろわれわれの環境を理解するための、すなわち、ものごとを『理解し』、それに『意味を与え』、何をするか『見抜く』ための、より深い能力を表している」（ディアリ，2004）。

〈知能の因子構造〉

知能についての因子論的な考え方は、**スピアマン** (Speaman, C.) の多元的に見える各種の知的能力は基礎的な一般因子（**g 因子**）と特殊因子（**S 因子**）の 2 種によって構成されるという概念から始まった。つまり、「g 因子は知的なすべての課題に影響する因子で、S 因子は課題ごとに異なる特殊な因子である」と考える。一方、知能理論には g 因子を仮定するものとそうでないものとに大別されるが、g 因子を仮定しない立場の代表は**サーストン** (Thurstone, L. L.) である。彼は因子分析法により、知能の多因子論を最初に提唱し、知能を構成する **7 因子**を提示した。すなわち、言語理解 (V：verbal comprehension)、語の流暢性 (W：word fluency)、数能力 (N：number)、空間関係 (S：space relation)、記憶 (M：memory)、知覚速度 (P：perceptual speed)、推理 (R：reasoning) である。

〈最新の知能理論〉

近年、知能研究は「**CHC 理論**」によって集約されてきている。「CHC 理論」という名称は、研究代表者 3 名それぞれの頭文字から成る。それぞれの立場から提唱されていることをまとめると次のようになる。

→ **キャッテル** (Cattell, R. B.) …知能構造は、**流動性知能** (Gf: fluid intelligence) と**結晶性知能** (Gc：crystallized intelligence) という 2 つの共通因子に大別されるとした。Gf は、文化の差異や言語の違いによる影響をほとんど受けない生得的な知能であり、新規の問題を解決するために自ら方法をつくり出し、解決する知能であり、Gc は、Gf を基盤とするが、経験の機会など環境因子、文化因子により強く影響される。過去の学習経験を高度に適用して得られた判断力や習慣（つまり経験の結果が結晶化されたもの）に依存する知能である。

→ **ホーン** (Horn, J. L.) …Gf と Gc の 2 因子を強調し、g 因子は、さまざまな能力が 100 程度集まったも

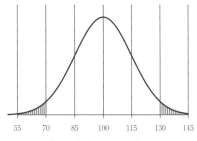

図⑤-1　知能の正規分布モデル

表⑤-1　知能に関する遺伝と環境要因
（長谷川・東條・大島・丹野・廣中, 2008）

カテゴリー	遺伝要因だけからの予測	実際の相関係数
一卵性双生児		
同時養育	1.00	0.86
分離養育	1.00	0.72
二卵性双生児		
同時養育	0.50	0.60
実のきょうだい		
同時養育	0.50	0.47
分離養育	0.50	0.24
親と実子	0.50	0.40
親と養子	0.00	0.31
いとこ同士	0.125	0.15

のであり、それらが Gf と Gc に大別されることを示している。

　→**キャロル**（Carroll, J. B.）…信頼できる 460 の知能検査結果について因子分析法によるメタ分析を行い、2000 にも及ぶ知能に関する研究を見直した（Carroll, 1993; 2005）。

　〈知能を測定する〉

　知能を測定する方法として知能テストが挙げられる。知能テストによる **IQ（知能指数）** は、正規分布を前提として算出される（図⑤-1）。

　代表的な知能検査である、「田中ビネー知能検査Ⅴ」や「ウェクスラー式検査（WISC-Ⅳ、WAIS-Ⅲ）」では、平均を 100、標準偏差を 15 とする**偏差 IQ** として算出する。

　なお、知能テストは、児童相談所、教育相談室、精神科病院、心理相談室等で心理の専門家が実施し、職業倫理に則った適切な利用が求められる。

　〈知能を決定するのは遺伝か環境か〉

　一卵性双生児の間の IQ の相関関係は 0.86 であり、遺伝が知能に大きな影響を与えていることがわかるが、実のきょうだいの分離養育では、0.24 とほとんど相関がなく、親と養子では 3.1 と中程度の相関がみられることから、遺伝情報のみが知能を規定しているわけではないといえる（表⑤-1）。

　行動遺伝学によると、遺伝の影響力が大きいが、これは集団として分析した結果であり、個人の IQ の値は環境に強い影響を受ける。

　つまり、知能を決定するのは遺伝だけでもなく、環境的要因だけでもないということが言える。

（水國　照充）

話し上手になろう

対人コミュニケーションを図るうえで、自分から相手に何かを伝えることは重要な要素です。伝える手段は、言葉や文字、絵画や造形、身体表現など、さまざまなものがあります。相手とのコミュニケーションを深めるには、相手からの情報を受け取るだけではなく、自分からも何かを発信する必要があります。だからと言って、自分のことばかりを一方的に相手に話したり、単なる情報を淡々と相手に伝えたりするだけでは、良好な対人関係とは言えません。対人コミュニケーションを深めて、相手との関係を良好なものにするために、この章では、話すことの意味や技術について学習していきます。

1. 対人コミュニケーションにおいて話すことの意味

対人コミュニケーションにおいて話す行為とは、言葉（言語：バーバル）を使ってさまざまな情報や自分の考え、感情を相手に伝える行為を意味します。単に発話という行為だけならば、ラジオやテレビ番組のような一方向の情報伝達にすぎません。対人コミュニケーションでは、自分から伝達した内容に相手（聴き手）が反応し、相手が伝達してきた内容を読み取り、さらに自分から相手に伝えていくというやりとりが展開されます。つまり、双方向の伝達があってはじめて対人コミュニケーションと言えるのです。

さらに、話している内容に一致した表情や態度、声の音質、相手との距離などの非言語的な伝達手段が用いられることで、情報伝達量が増加します。

また、言語を中心とした対人コミュニケーションでは、即時性のあるやりとりが一般的です。即時性は、相手との関係や会話の内容によって程度の差はありますが、「会話はキャッチボール」とたとえられるように、一定のテンポ、リズムによって成り立っています。

さらに対人コミュニケーションでは、感情の伝達が重要です。私たち人間は、感情の生き物といわれるくらい、感情によって物事を判断しやすい生き物です。相手へ伝達された感情が共有されることで、相手との心理的距離が近づき、信頼関係が培われていきます。たとえば、感動的な映画を鑑賞した後に、一緒に鑑賞していた友人に対して、涙を拭きながら「すごく感動したね」と伝えたとします。友人が「そうだね」と目頭を押さえて声を震わせて応えたとすれば、これはまさに感情が共有されていることを示します。一方で、友人が「そうだね」と言葉で反応しながらも、その声は投げやりで、退屈そうな表情で適当に応えた様子であれば、自分の感情は相手と共有されていないということがわかります（図6-1）。

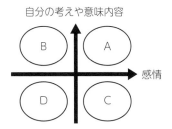

図 6-1 伝達される感情と考えのバランス（齋藤，2004 より一部修正）

Ａの領域は、自分の考えや意味内容、感情が相手とやりとりできていることをあらわしています（良好な対人コミュニケーション）。Ｂの領域は感情のやりとりはありませんが、自分の考えや意味内容が伝達されていることをあらわしています（正確な情報伝達）。Ｃの領域は、感情のやりとりに重きが置かれていることをあらわしています（恋人同士）。Ｄの領域は相手とのコミュニケーションが破綻していることをあらわしています（戦争状態）。

〔ミニ・エクササイズ①感情と意味内容の伝達〕

　１人が話し手、もう１人が聴き手になります。話し手は、①仲の良い友人のように話しかけてみます。次に②ニュースキャスターのように、情報伝達のみ一方的に話してみます。次に③恋人のように恋愛感情を中心に会話をしてみます。次に④敵対している人を演じてふるまってみます。それぞれ①〜④のふるまいを１分間演じた後、話し手と聴き手を交代します。互いに役割を終えた後に、それぞれどんな印象を持ったか話し合ってみましょう。

---

2. 相手との関係を深める：話し始めの基本

　みなさんは普段、どのように会話を始めますか。相手から話しかけてくるのをひそかに待っている人もいるかもしれませんが、ここでは自分から話しかけることに挑戦してもらいたいと思います。まずは次のステップで考えてみましょう。

(1) ステップ①：あいさつをする

　話すきっかけとして最も手軽なのはあいさつをすることです。「こんにちは」「やあ」「おっす」等、相手との関係性に配慮しながら適切なあいさつをすることが話すきっかけになります。大学生のみなさんは、幼い頃に、幼稚園や小学校であいさつの大切さを学んで実践してきたはずですが、年齢とともにあいさつすることに気恥ずかしさやおっくうさなど、あいさつを阻害する要素に埋もれてしまい、基本的な人とのかかわりの一歩を見失っている人が少なくありません。今一度、あいさつをすること、されることを実践していきましょう。

〔ミニ・エクササイズ②あいさつ〕

　次回の授業までに、普段から顔は知っているけど、あまり話したことのない相手にあいさつをしてみましょう。目標は、同級生３人、先輩・後輩３人、先生３人とします。相手よりも先にあいさつの言葉を投げかけてください。次回の授業で、誰とあいさつを交わしたのか発表します。

---

(2) ステップ②：言葉以外の伝達手段を活用する

　すでに述べたように、相手と面と向かって会話をしているときは、非言語的な伝達手段を適切に用

いることが大切です。相手との関係性により話す態度は異なりますが、自分の考えや想いを正確に伝えるためには、次のようなことを意識してみましょう。

　視線…相手の方を見るが、相手の目を見続けるのではなく、鼻頭やあごの辺りを見て話す。

　表情…自分が伝えたい想いに合った表情を示す。

　姿勢…相手の方を向く。ジェスチャーなどを加える。

> 〔ミニ・エクササイズ③非言語的な伝達手段〕
> 　1人が話し手、もう1人が聴き手になります。話し手は嬉しかったことや楽しかったことを、表情を変えずに声の抑揚もつけずに淡々と聴き手に1分間話してください。1分後に今度は同じ話を表情や声の調子などの非言語面を話の内容に適切に合わせて話してみてください。終わりましたら、最初と後でどのような印象を持つのか、聴き手からのフィードバックを得てください。その後、話し手と聴き手の役割を交代します。

(3) ステップ③：聴き手に興味を持ってみよう

　自分のことや自分の考え、感情を相手にわかってもらうには、相手がどんな人かを知ることが大切です。相手のことがわからないまま、深刻な悩みや難しいお願い事をしても、まず受け入れてもらえないでしょう。聴いてくれている聴き手に興味を持つことが大切です。聴き手との共通の話題が見つかると、話しかけやすくなるだけではなく、聴き手に対していっそう興味が持てます。第3章を通じて多くの受講生とかかわりを持ったことが、このステップで活かされます。

> 〔ミニ・エクササイズ④興味を示す〕
> 　1人が話し手、もう1人が聴き手になります。話し手は、聴き手にいろいろと質問して、聴き手の性格や考え、取り組んでいることを褒めてみましょう。「すごいね」「いいね」といった言葉かけだけでなく、聴き手の意見に同意したり、聴き手の想いを受けとめることにも併せて取り組んでみましょう。

(4) ステップ④：自分を知ってもらおう

　自分のことを話すことで、相手との関係性が深まります。この手法を「自己開示」といいます。ただし、一方的に自分のことばかり話すと相手から嫌がられることもあるので、自分のことを話しつつ、相手ならどう考えるか、どう感じるかを質問していきましょう。

■ 3. 相手との関係を深める：対人葛藤場面への対処 ■

　対人コミュニケーションが良好に展開すれば仲間が生まれ、大学生活がよりいっそう充実したもの

になるでしょう。仲間に支えられてどうにか単位を落とさずに済んだ、昼食の時間に安心して過ごせる雰囲気が得られた、部活動に専念できた、就職活動に切磋琢磨できたなど、自分ひとりでは対処が難しい場面や孤独を感じてしまうような場面でも、仲間の存在が自分を支えてくれるでしょう。その一方で、対人コミュニケーションでは、楽しい場面ばかりではありません。ときに、相手と意見が合わず気まずい雰囲気になったり、自分の意見や考え、感情を伝えるのが難しい場面を経験することもあります。相手のことをよく知っていれば、どのように伝えたら伝わるかを考えやすいのですが、あまり面識のない相手だと積極的に自分から話しかけることに躊躇してしまう人も少なくありません。

　自分から話しかけることに躊躇してしまう人は「相手からどう思われるんだろうか」「話してわかってもらえるだろうか」「こんなことを話したら、軽蔑されるんじゃないか」などと考えてなかなか話が展開しないかもしれません。マイナスなことを考えれば考えるほど、自分から話すことがおっくうになってしまうでしょう。そんなときはどうしたらよいでしょうか。では、もっと積極的に他者とかかわるための方法を考えていきましょう。

　次の〈場面①〉、〈場面②〉でみなさんならどう対処しますか。

〈場面①：学生食堂にて〉

　学生食堂の食券機の前の列に並んでいたときのこと。あなたが手元のスマートフォンを見ている隙に、すっとあなたの目の前に面識のない学生が割り込んできた。

［対処その1］

　黙って何も言わない。スマートフォンに夢中になって隙をつくってしまった自分を責めたり、それでも理不尽な状況に腹立たしさを感じたりしているものの、何も言わないでがまんしている。せっかく楽しみにしていた昼食の時間は、こんなことがあって気持ちがむしゃくしゃしたまま迎えたので、食べた気がしなかった。

［対処その2］

　黙って何も言わない代わりに、やたらと咳払いをしたり、相手を睨んだりする。言葉ではなくて自分の態度で相手の割り込みへの抗議を示し、相手に気づかせようとする。せっかく楽しみにしていた昼食の時間は、こんなことがあって気持ちがむしゃくしゃしたまま迎えたので、食べた気がしなかった。相手に隙あらば、仕返しとして嫌がらせのひとつでもしてやろうとすら考えている。

［対処その3］

　割り込んできた相手に対して、怒りながら文句を言う。罵詈雑言を浴びせて、相手がいかに間違っているかをきつい言葉で突きつける。相手が目の前からいなくなれば、勝ち誇ったかのように自分に満足している。楽しみにしていた昼食の時間は、自分にとっては満足して過ごせたかもしれないが、周囲はあまりの怒りっぷりにドン引きしていることに本人は気がついていない。

〈場面②：とある授業にて〉

　ある日、友だちと一緒に受けている授業に行く途中で、その友だちがこんなことを言ってきた。「今日はめんどいからサボるわ。オレの分の出席、カードに書いといてくれる？」

出席の代返は、不正行為なので発覚すれば相手はおろか自分まで欠席扱いになる。しかもこの授業の先生は、不正防止のためにかなり手の込んだ出席カードを書かせることで有名だ。自分としては、代返はしたくないのだが……。

[対処その1]

「え、いいよ」とついつい言ってしまう。もちろん本心はその逆で、面倒なことを頼まれたと考えている。不正防止とはいえ、面倒な手続きで出席を取る先生を逆恨みする。もし代返がばれたらどうしようと気ばかりが焦って授業に全く集中できなかった。

[対処その2]

はっきりと断りの言葉を言わない代わりに、「オレも休むかも」「手が痛くてお前の分まで書けないかも」などと言い訳を繰り返し、暗に代返したくないことを相手に気づかせようとする。相手の理不尽な要求に腹が立って、授業の間、全く集中することができなかった。

[対処その3]

頼んできた友だちに怒りながら断固拒否する。怒りに任せてこれまでの相手の理不尽な要求についても言及するので、友だちには「そこまで言わなくてもいいだろ！」と逆切れされる。友だちからの要求を突っぱねることには成功したが、その後、その友だちとは疎遠になったばかりか、その友だち経由で周囲からも「めんどくさいやつ」とのレッテルを貼られることになった。

〔ミニ・エクササイズ⑤対人葛藤場面を考える〕

　【場面①】と【場面②】について自分だったらどの対処を選択するか、周りの人と話し合ってみましょう。

〈場面①〉も〈場面②〉も学生生活のなかで起こり得る場面ですね。それぞれの場面で対処について3つの例を挙げました。しかし、いずれの対処の仕方にも問題があります。良好な対人コミュニケーションは、自分ばかりががまんをしたり、言うべきことをはっきり言わずに態度で察してもらおうとしたり、感情に任せてその場を無理やりまとめたりすることではありません。それでは、どのようなかかわり方が適切な対処といえるのでしょうか。そこで役立つ技術は「アサーション」です。

4. アサーションとは

　アサーションとは「自分の権利のために立ちあがり、同時に相手の権利も考慮する自己表現」です（平木, 1993）。アサーションには、歩み寄りの精神があり、多少時間はかかっても、お互いを大切にし合ったという気持ちが残るコミュニケーションが生まれます。また、話し合いのプロセスでは、より豊かな創意や工夫が生み出され、ひとりの提案よりはむしろ満足のいく妥協案が探り出せる可能性さえもあります。そんな相互尊重の体験をすることがアサーションです。

　アサーションを実行するには、アサーティブな自己表現を心がけることが大切です。自分の権利で

ある言論の自由のために、そして同時に相手の言論の自由も尊重しようとする態度が必要です。つまり、自分の考えや気持ちなどを率直に、相手とその場の状況に合った適切な方法で表現します。同じように相手にもその権利があることを認めることがアサーティブな自己表現です。

アサーティブにふるまうことは、ときとしてお互いの意見や感情の一致が得られずに葛藤を引き起こすこともあります。しかしその葛藤の先に、お互いが納得できる到達点を目指すことがアサーティブであると言えます。

■¨ **5.** アサーション権 ¨■

アサーションは、誰にも認められている権利です。アサーションの基本的な権利を以下に示します（平木，1993）。

【1】私たちは、誰からも尊重され、大切にしてもらう権利がある。
【2】私たちは誰もが、他人の期待に応えるかどうかなど、自分の行動を決め、それを表現し、その結果について責任を持つ権利がある。
【3】私たちは誰でも過ちをおかし、それに責任を持つ権利がある。
【4】私たちには、支払いに見合ったものを得る権利がある。

これらの権利は、誰もが平等に行使できるものです。「自分は劣っているから言えない」、「他人の要求を断るのは相手に悪いから言えない」と考えてアサーション権を放棄していないか、あらためて自分の普段のコミュニケーションをふりかえってみましょう。

■¨ **6.** アサーションしない権利 ¨■

アサーションを学ぶと「アサーティブにふるまわなければならない」と考えがちですが、アサーティブにふるまわないという選択肢もあります。たとえば、相手がかなり感情的になっていて、自分がアサーティブに話をしてもかえって相手の感情が高まり、暴力などの危険な状況に陥る可能性が考えられる場合や、アサーティブにふるまうことで大幅な時間のロスが生じてしまう場合などは、あえてアサーティブにふるまわないことも必要です。その場合は、アサーションしない権利を行使するわけですから、そのことを自覚して自分を責めたり、相手への怒りや恨みなどを抱え込んだりしないことが大切です。

〔ミニ・エクササイズ⑥アサーティブに振る舞う〕

1人が話し手、もう1人が聴き手になります。話し手は、無理なお願い事を聴き手にお願いして
みてください。聴き手は、そのお願い事をアサーティブに断ってください。

1分経ったら、役割を交代します。その後、互いに感じたことをフィードバックしましょう。

7. ま と め

　相手との良好なコミュニケーションを図るためには、自分から積極的に考えや気持ちを発信することが必要です。同時に相手の立場を尊重する姿勢も大切です。この章では、話すことを中心に練習に取り組んでもらいましたが、最初はなかなか話すことが難しかったり、ついつい自己主張することに躊躇してしまったりしたかもしれません。しかし、授業のなかではいくら失敗してもうまくいかなくても焦ることはありません。一度の練習で急に話し方がうまくなることはありませんし、むしろ授業のなかだからこそ、たくさん失敗して少しずつ話すことに意識を向けていってください。話すこと、自己主張することもスキル（技術）ですから、練習を繰り返すことで、少しずつ上達できるでしょう。

（水國　照充）

| 心理テストの話

　第1章で実施した心理テストをふりかえってほしい。自尊感情や自己効力感、そしてコミュニケーション・スキルの得意、不得意について心理テストを用いて測定したが、テスト結果から「本当にこの結果は信じられるのか」と疑問に思った学生もいたかもしれない。そこで今回は、世のなかに無数にある心理テストのうち、どんな種類の心理テストがあるのか、そのなかで信じられる心理テストとは何か、さらに血液型と性格の関連について心理測定法の視点から紹介する。

〈心理テストの種類〉

　心理テストには、質問項目に「はい」や「いいえ」などで被験者が回答する**質問紙法**、絵や図版などを見て被験者が自由に回答する**投影法**がある。第1章で実施した心理テストはいずれも質問紙法である。一方、投影法には、**ロールシャッハ・テスト**（図⑥-1）、TAT（絵画統覚テスト）などがある。

図⑥-1　ロールシャッハ・テスト図版の例 (塩﨑, 2015)

〈信頼できる心理テストの条件〉

　世のなかにはさまざまな種類の心理テストとよばれるものが多数存在しているが、信頼できる心理テストには以下の条件が必須となっている。

①客観性：実施の仕方や評価方法が厳密に定められていること。通常、信頼できる心理テストは心理統計の手法に基づいた評価方法が定められている。

②信頼性：再現性が確認できること。同じ人に同じ心理テストを実施するたびに結果が違ってくるものは信頼性に乏しい。

③妥当性：測定しようとしていることがらを確かに測定しているということ。他の測定方法での結果と比較して検証する。

④実用性：検査の実施が容易であるということ。正確に測定できる心理テストだったとしても、実施に何時間もかかるテストは実用性があるとは言い難い。

〈実施の際の留意点〉

　臨床心理士など、訓練を十分に受けた検査者が被験者の同意を得て実施することが必要である。また、テスト結果の秘密保持に努め、得られた結果は、標準的な評価・解釈方法に沿って被験者に伝えなければならない。

　ところで、私たち日本人は血液型と性格傾向の関連について盲目的に信頼している傾向があるが、果たして血液型と性格傾向には関連があるのだろうか。血液型と性格の関連は、1927年に古川竹二が心理学の学術雑誌に論文を発表したことで一躍有名になったが、妥当性などが十分検証されていなかったことで、学術的にはその関連性は認められなかった。その後も幾度となく血液型と性格の関連を謳う雑誌やテレビ番組などが一種のブームのように繰り返されているが、今のところ血液型と性格の関連性を実証した学術研究はない。大村(2012) は、人が血液型と性格の関連を信じてしまう要因として、①フリーサイズ効果：自分にあてはまる質問項目が数個あれば、あてはまらない項目があっても無視されてしまう、②ラベリング効果：「□型は〇性格」というラベルに沿って人の行動を捉えると、そのラベルに沿った行動に注目してしまう、③：インプリンティング効果：②のような説明を一度覚えてしまうと、それを規範としてしまうため修正が難しい、を挙げている。

　心理テストというと興味を持つ学生は多くいると思うが、心理テストの結果を鵜呑みにせず、科学的根拠に基づいた心理テストの結果であるかどうかに十分に留意すべきであろう。ましてや、「あの人はAB型だから何を考えているのかわかりづらいから話しかけたくない」などとは思わないでいただきたい。

（水國　照充）

Exercise

ノンバーバル・コミュニケーションを学ぼう

7

前章では、言葉（言語）を使ったコミュニケーションを中心に学習をすすめました。本章では、言葉を使用しない非言語メッセージによるコミュニケーション、ノンバーバル・コミュニケーションを中心に学習します。

たとえば、こんな人を見かけたことがありませんか？

・「昨日、ディズニーランドでデートしたよ」（発言内容：言語メッセージ）

・声のトーンは沈んでいて、聞き取れないほど小さい（声の調子：非言語メッセージ）

・顔はうつむき気味。表情はとても暗く唇を噛んでいる（ボディランゲージ：非言語メッセージ）

まわりから見ると、この人は、「デートでなにかあったのかな？」「振られたのかな？」というように見えることでしょう。

◼️ *1.* ノンバーバル・コミュニケーション ◼️

心理学者メラビアン（1971）は、感情や態度について矛盾したメッセージが発せられたとき、その受けとめ方について、話の内容などの言語情報7%、口調や話の速さなどの聴覚情報38%、見た目などの視覚情報55%の割合であることを実験で示しました。つまりこれは、①話の内容そのもの（言語情報）よりも、声のトーンや大きさ（聴覚情報）の方が相手に伝わりやすく、（38%）②話の内容そのもの（言語情報）よりも、ボディランゲージなどの見た目の印象（視覚情報）の方が相手に伝わるという影響力の大きさ（55%）をあらわしています。

たとえば、時代劇に登場する貧しいお百姓さんは「～でごぜえます」「～だべ」という方言で話すことが多く、ドラマに登場するヤクザの多くは関西弁を話します。方言などの「話し方」は、話した内容にプラスアルファの聴覚情報を私たちに伝えているとは思いませんか。

また、その人とは一切、言葉でのやりとりをしていないにもかかわらず、警察官の制服に身を包んだ人を見るだけで、私たちは、その人に「権威」を感じます。また、夜のコンビニで茶髪にくわえタバコでたむろしている集団を見ると「怖い」「かかわらないようにしよう」と感じるのは、見た目の印象、すなわち視覚情報によるものと考えられます。これが、「人は見た目が9割」とも言われる

所以です（竹内一郎，2005）。

　「そんなメッセージを送ったつもりはない」「そんなこと意図してなかったのに」と思っていても、他者がマイナスのメッセージとして受け取っていることは少なくありません。話すときには、①表情（目を見て話す、笑顔など）、②ボディランゲージ（うなずき、手を広げる、姿勢、身振り手振りなど）、③声のトーン（落ち着いているか）、④服装（その場に適しているか、身だしなみ）などにも工夫をするようにしましょう。また、絵や図を描いて説明する・伝える、などの方法も効果的です。

■ 2. 印 象 形 成 ■

〔ミニ・エクササイズ①私の好きなもの〕
　各テーマの2つの内容を見て、自分はA・Bのどちらの方を好むか、「好きな方」欄に記号を入れてください。選んだ理由も簡単に書いてください。

	テーマ	A	B	好きな方	理由
1	色	赤	青		
2	読書	漫画	小説		
3	部活（クラブ）	体育系	文化系		
4	食事	麺類	パン		
5	海外	アジア	ヨーロッパ		
6	飲み物	お茶	コーヒー		
7	動物	犬	ネコ		
8	テレビ	ドラマ	お笑い		
9	季節	夏	冬		
10	得意科目	文系	理系		

　初対面の人に対して、あなたは何を手がかりにその人についての印象（イメージ）を持つようになるのでしょうか。友人に紹介されて初めて会う、合コンのような席では顔や人柄などの事前情報があるかもしれません。しかし、通常事前に情報を得られることは少ないため、私たちは、他人と接するときに、相手の人物像をさまざまな手がかりから推測し、判断しています。また、相手と対面する以前に与えられる情報のみで、その人物に対する明確な印象が形成されることがあるのです。それは、これから会う人がどんな人かを予想し、適切な対応を取るべきか想像しておく、いわば対人関係上の作戦のようなものと考えられています。

　はじめて会う人と、コミュニケーションを取る前の段階で、推測判断の手がかりになるのが外見的な特徴です。身長や体格、髪型、顔つきや表情などの身体的な特徴のほかに、そのときの服装や持ち物、アクセサリーやピアスなども重要な情報になります。さらに、コミュニケーションが始まると、行動特徴や個人情報も手がかりに加えられます。

　アッシュ（1946）は大学で〇〇先生（同一人物）を紹介する際に、A教室では、「これからご紹介する〇〇先生は、知的な―勤勉な―衝動的な―批判的な―頑固な―嫉妬深い……先生です」という言葉を

順番に使って説明をしました。一方のB教室では、「これからご紹介する○○先生は、嫉妬深い─頑固な─批判的な─衝動的な─勤勉な─知的な先生です」という説明を試みました。これは単純に言葉（形容詞）の順序を逆にしただけですが、A教室の学生は、「先生は知的で能力を仕事に生かしている。先生が頑固なのは自分の意見を持っているからだ」という良い印象を持ち、その後も○○先生は好意的に受け入れられるという実験結果を得ました。B教室の紹介では、「先生の勤勉さや知性は、嫉妬深さや頑固さのため発揮されないだろう。先生は感情的で、悪いところが長所を隠してしまう」と受けとめられ、その後も学生らの否定的な印象は変化しなかったといいます。アッシュは、同じ○○先生の紹介であるにもかかわらず、学生の受けとめ方に差が出たのは、「知的な」や「勤勉な」という一般的に良いイメージの言葉が先に示されたためだと考えました。このように実験の被験者たちは、紹介されたときの性格特性の前半の言葉だけで先生の人物像を作り上げてしまい、その他の特徴は、それに矛盾しないように意味づけされることも明らかにしました。

　人が最初の情報を過度に重要視してしまう**印象形成**という現象は、情報を伝達する人は重要なものから順に伝えるはずだ、という暗黙の期待が情報の受け手にあるために起こると考えられています。いずれにしても、はじめて出会う人に対して、最初の情報だけで印象形成を行わないようにすべきでしょう。また、逆に自分について伝えるときには、他者は、最初の情報から自分を判断してしまいやすい傾向（**初頭効果**：複数の情報に基づいて態度や印象を形成し、判断を下すときに最初に提示された情報が特に影響を与える）にあることに注意しましょう。

　しかし、その一方で判断の直前に提示された情報、つまり最新の情報が強く影響するという**新近効果**に関する研究もあります。新近効果とは物事の最後、つまり一番現在に近いことが記憶に残りやす

〔ミニ・エクササイズ②どちらが好み？〕
①各グループメンバーが、どちらを好むか推測してA・Bを記入してください。自分の欄にも先のエクササイズ①の結果A・Bを記入してください。＊1〜6にメンバーの名前を入れてみること

		1＊	2	3	4	5	6	自分
1	色							
2	読書							
3	部活							
4	食事							
5	海外							
6	飲み物							
7	動物							
8	テレビ							
9	季節							
10	得意科目							
	正解合計数							

②グループになり、1の人から順番にAかBかを発表してもらいます。自分の推測が正解した場合には、その記号に○をつけてください。最後に正解合計数を出してみましょう。
③自分の印象と一致していた人、不一致だった人は誰ですか？その理由も考えてみましょう。

いという現象で、最後に抱いた印象が、どんどん更新されていくというものです。

3. 表　　情

　ある国を訪問して言葉が通じない場合、私たちは懸命に自分の意思を伝える工夫をします。水が飲みたいのであれば、コップを手に飲んでいるしぐさやジェスチャーをすることでしょう。また、相手に対して敵意がないこと、好感を示す、了承していることを示すサインとして多用されるのが「笑みを浮かべる」という方法です。

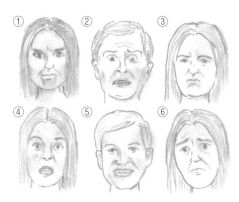

図7-1　基本6感情

　顔の研究の第一人者であるエクマン (1978) は、パプアニューギニアの部族民などを調査することで、基本的な感情のリストをつくり、石器時代の文化で暮らす人々が、他の異なる文化の人の表情を写した写真から意図を正しく読み取れることを確認しました。エクマンが普遍的であると考えたのは ①怒り、②恐れ、③嫌悪、④驚き、⑤幸福感、⑥悲しみ、という6種類の顔、すなわち表情です (図7-1)。

　このことから、エクマンはこれらの表情や感情が全人類に共通するもので、生物学的基盤を持つと考えました。表情もまたノンバーバル・コミュニケーションのひとつであることを覚えておきましょう。

　一方、表情のみでその人の考えや感情を理解できるのかという視点も重要です。エクマンを批判しているラッセルは、日常における表情と感情には明確な関係がないことを主張し、背景や文脈の大切さを強調しました。たとえば、背景や全身が写っている写真から、表情だけを拡大し、その顔写真のみを見ただけで、何が起こっているのかを理解することは難しいはずです。その表情がどのような状況や背景のもとで表現されているのかについても考えてみる必要があります。

4. パーソナルスペース

　では、次に人と人との物理的な距離、すなわち**パーソナルスペース**について考えます。パーソナルスペースとは、コミュニケーションを取る相手が自分に近づくことを許せる、自分の周囲の空間 (心理的な縄張り) を指します。人は、この心理的空間を基準に他者を意識し、緊張・不快などを感じます。ホール (1966) は、対人距離を下記の4つに分類しました。

　密接距離 (45cm 以内) は、恋人同士や親子間で見られるような身体が触れ合うことも可能な距離で、言葉を使わないコミュニケーションが多くなります。特に、密接距離の近接相 (0〜15cm) は視線を合わせたり、匂いや体温を感じられたりすることから、親密な人とのコミュニケーションの距離であるとされます。個体距離のうち近接相 (45〜75cm) は、どちらかが手や足を伸ばせば相手の身体に触れたり、つかまえたりできる距離です。個体距離 (45〜120cm) は、相手の表情を細かく見分けることができ、

親しい友人同士や知人とのやりとりに用いられ、身体の触れ合いも可能です（図⑦-2）。

〔ミニ・エクササイズ③体感！パーソナルスペース〕
　2枚の新聞紙を床に敷き、その上を5人で歩いてみましょう。この広さは、小さなエレベータの中と同じスペースです。エレベータのなかで私たちはどんな行動を取る傾向にありますか。また、知らない人に囲まれる満員電車などを不快に感じるのはなぜなのか考えてみましょう。

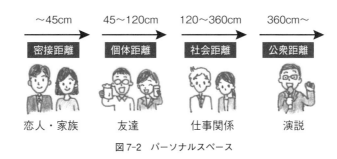

図7-2　パーソナルスペース

■ ▪ 5. ま と め ▪ ■

　コミュニケーションには言葉だけでなく多様な方法があり、視覚・聴覚情報がその手がかりになることもわかりました。さらには、コミュニケーションを取る前の段階では外見が大切でありながら、その背景などの文脈をも理解し、友だちや先輩、先生などさまざまな年代のかたとのやりとりに注意を向ける必要があるようです。
　最後に、近年の新しいコミュニケーションの例としてSNSを用いたコミュニケーションについて、エクササイズ④を通して話し合ってみましょう。

〔ミニ・エクササイズ④今時のコミュニケーション〕
　スマートフォンなどのSNS（LINEやツイッター、インスタグラム等）、メールでは、そのコミュニケーションにおいて、どのような工夫をしているでしょうか。

・SNSなどで他者に不快な思いをさせたことはありませんか？　反省すべき点は？
・SNSなどでの失敗談を教えてください。
・それらをどうフォローしたかも教えてください。
・他者を不快にさせないネット上でのコミュニケーションとはどのようなものでしょう？

グループでディスカッションしてみましょう。

（青木　智子）

　本書の第7章までコミュニケーション・スキル向上のための課題に取り組んでみて、みなさんの意欲は高まっているだろうか。受講生とのかかわりのなかで、自己や他者に関する気づきを得て、コミュニケーションを学ぶ意欲がますます高まっている学生もいれば、コミュニケーション力を向上させたいとは思いつつ、当初ほど課題への取り組みには意欲が湧かないという学生もいるかもしれない。そこで今回は、私たちの意欲はどのようにして高めることが可能なのかを心理学の視点から紹介する。

〈報酬が与えられると意欲が低下する〉

　アメリカの心理学者デシ（Deci, E. L.）は、「ソマ」というパズルを使って大学生を対象に意欲に関する実験を行った。ソマパズルは当時の大学生の間で人気があったので、実験に参加した学生は休憩時間中も意欲的に取り組んでいた。ところが、パズルを解くたびに一定の報酬を与えたところ、休憩時間まで使ってパズルに取り組まなくなった。

　このことは、意欲のある活動は、たとえその活動時間が終わったとしても自らやりたいという気持ちで取り組みが継続する（たとえば、授業の後や部活が終わった後でも勉強や部活を続けている等）が、外部からの報酬が与えられる（このことを**外発的動機**とよぶ）と、報酬を得ることが目的になってしまい、自らやりたいという気持ちを削いでしまうということを明らかにしたのだった。

　この、自らやりたいという気持ちを「**内発的動機**」といい、私たちがある活動を意欲的に持続するためには欠かせない要素であるといえる。みなさんのなかには、コミュニケーション・スキルを学ぶ授業を通じて「単位を修得すること」という外発的動機によってのみ動機づけられてしまうと、コミュニケーション・スキルを向上させたいという純粋な意欲が低下する人がいるかもしれない。

〈意欲を高める3つの欲求〉

　課題に対して、自らの内側から湧いてくる意欲を高めるにはどうしたらよいのだろうか。それは、次に挙げる3つの欲求が影響しているといわれている。

①有能性の欲求：「自分ならやれる」という自信とチャレンジ精神に基づく欲求のこと。実際に課題に取り組んでみて、達成されることで意欲が高まる。

②自律性の欲求：誰かに押し付けられるのではなく、自分の意志で課題を選択する欲求のこと。「やらされている」のと「自分で選んでやっている」のとではその意欲に大きな違いが生じることは明白である。

③関係性の欲求：人との結びつきを求める欲求のこと。自ら選択して、コミュニケーション・スキルを向上させていこうとするなかで、同じような仲間と一緒に取り組むことで意欲が喚起されるのである。特にコミュニケーションを学ぶ仲間同士では、互いの取り組みを肯定的に捉え、失敗しても温かく受けとめてもらえる雰囲気が大切である。

〈意欲が最高潮に達しているときの状態〉

　私たちがある活動に没頭しているとき、時間の経過を忘れ、集中力が研ぎ澄まされていると感じることがある。そのような体験を「フロー」体験とよぶ。たとえば、スポーツ選手が試合中に、芸術家が作品を創造しているときに、音楽家が演奏に没頭しているときにその瞬間は訪れる。フロー体験は、活動のためのスキルがちょうど処理できる程度のチャレンジを克服することに没頭しているときに起こる傾向があると、アメリカの心理学者**チクセントミハイ**（Csikszentmihalyi, M.）は述べている。

　コミュニケーション・スキル向上のための課題に取り組んでいるときに、フローを体験できていれば、みなさんにとって最高のひと時であるに違いない。もしも、課題への取り組みに意欲が感じられなくなっている学生がいたとすれば、あらためて初心に返り、「自分のためにコミュニケーション・スキルを向上させたい」という当初の気持ちを思い出してほしい。

（水國　照充）

Exercise

自分と他者の「認知」の違いを知ろう

8

　人と良いコミュニケーションを図るためには、なるべく誤解や行き違いがないように、お互いの情報を共有し、分かち合うことが大切になります。この章では、そのために大事なことを確認しておきましょう。それは発信者にも、受け手にも、今までの体験や記憶、経験、人間関係などからできあがった「その人それぞれの物事を捉える枠組みがある」ということです。この「それぞれの枠組み」のことを心理学では「認知」と呼びます。人は自分の「認知」にしたがって物事を見て、解釈し、他者に伝え、他者から情報を受け取ります。つまり、日常のコミュニケーションのなかでは、全く違う「認知」を持った者同士が向き合い、情報を共有しようとしているわけです。そのため、発信者にとっては特に深い思いもなく発したメッセージが、受け手に不信感を与えたり、予想外の反応に驚くというミス・コミュニケーションを生じさせることがあります。この章では、人それぞれの「認知」に違いがあることを理解し、どのようにすればうまくお互いの思いや考えを分かち合うことができるのかを学習しましょう。

1. 日常会話で生じる「認知」の違い

　「『認知』の違いを知る」などと言うと、とても大げさな気がするかもしれませんが、認知の違いによる行き違いは、日常生活のなかで数多く起きています。

　たとえば、ある人が「○○さんがあなたのことを『歯に衣着せぬ物言いをする人だ』と言っていたよ」と伝えてきたとします。「歯に衣着せぬ」の意味を調べると、「相手の感情や思惑を気にせず思ったまま言う」、「思ったことや感じたことを率直に言うさま」などと書いてあります。さて、「歯に衣着せぬ物言いをする人」と言われた"あなた"は、自分のこの評価をどんなふうに受け取り、○○さんにどんな印象を持つでしょうか。

　"あなた"が、相手の感情を気にせず、率直に思ったことや感じたことを口にすることを「いいこと」だという「認知」を持っている人なのか、それとも「悪いこと」だという「認知」を持っている人なのかで分かれるでしょう。

　もし"あなた"が「相手のことを気にせず、ものを言うなんて『空気が読めない』ということではないか」と考えたなら、「自分はダメな人間だ」と落ち込んだり、「○○さんは自分のことを空気が読めない人間だと思っていたのか」と怒りを覚えたりすることでしょう。一方、"あなた"が「歯に衣着せぬ物言いをする人」の意味を「周囲に惑わされず、思ったことを言える誠実な人間と思われているのだ」と受け取ったなら、どうでしょうか。きっと「自分はちゃんと人から認められているのだ」と自信を持ち、そんなふうに評価してくれた○○さんのことも「本質を見極められる人」のように感じることでしょう。

　もっと単純な会話のなかでも「認知」の違いが生じることはいくらでもあります。たとえば同じ職

場でアルバイトをしている先輩から連絡がきて「風邪を引いたみたいだから大事をとって、今日は休むと店長に伝えてくれ」と言われたとします。その先輩は、昨夜アルバイトが終わったときに「なんか体が熱い」と、熱があるようなことをつぶやいていました。

　さて、先輩は本当に「風邪を引いた」のでしょうか。インフルエンザや細菌性の肺炎、消化器の異常、食あたりなど、発熱を伴う病気はいくらでもあります。先輩は、今までの経験上、「熱を出すのは風邪を引いたときだ」と考えて、“あなた”に伝えたのかもしれません。そもそも、今日の先輩の連絡からは「熱が上がったのかどうか」もわかりません。実は、ひどい頭痛と吐き気がすることを「風邪の症状」と解釈して、連絡してきたのかもしれません。

　同じような解釈や、意味づけが、受け手の側にも働きます。「風邪を引いたみたいだ」と連絡を受けた“あなた”は店長になんと言うでしょうか。もちろん、先輩が言ったことをそのまま伝えるかもしれません。でも、もしかしたら昨夜のことを思い出して「きっと熱が上がったんだ」と解釈し、「先輩は熱が出て、今日は来れないみたいですよ」と言うかもしれません。

　このように私たちは、他者に何かを伝えようとするときに、事実をそのまま伝えているとは限りません。むしろ、事実をそのまま伝えていることは少ないでしょう。たとえば「風邪を引いたみたいだから大事を取りたい」理由を正確に相手に伝えようとすれば、「朝起きて体温を測ったら37度2分あった。私の平熱は36度ちょうどくらいだから、これは熱があることになる。今まで37度を超えた熱があったときは風邪の引き始めのときが多く、ここで養生しておかないと高熱を出して治るまで長引くことが何度もあったから、今日のバイトは休みたい」などと言う必要があります。でも、そんなふうに伝える人はめったにいないはずです。

　多くの場合、私たちは起こっている状況を自分の「認知」に合わせて解釈し、良く言えば言葉を選んで、悪く言えば適当にはしょって相手に伝えます。受け手の側も同様です。その人なりの「認知」に合わせて、発信者の言葉を受け取り、意味を理解しようとします。こういったところから、誤解や行き違いが生じます。他者ときちんと情報を共有し、人と上手なコミュニケーションを図るためには「人それぞれ違う『認知』を持っている」ということをまず理解しましょう。

■ *2.* 認知の違いを知る演習 ■

〔ミニ・エクササイズ①認知の違いを知る〕
　A4くらいのサイズの白紙1枚と筆記用具を人数分用意します。「これからワークを行います。私の言うことを注意深く聞いて、聞いたとおり紙に描いていってください。教科書も閉じて何も見ないでください。私の指示だけを聞いて行ってください」と言って、以下の注意事項を伝えます。
　① 他の人の描いているものを決して見ないようにしてください。
　② 一度、描いたものは絶対に直さないでください。
　③ 描きはじめたら、質問はいっさい受け付けません。まわりの人と相談もしないでください。

〈実施の手順〉

　質疑応答を行い、学生が注意事項を十分に理解したら以下の手順で指示し、ワークを始めます。質疑応答のなかで「自分は絵が下手だからやりたくない」などと、描くことに強い抵抗を示す学生がいた場合は、「絵の上手、下手を知るためのワークではなく、あくまでも『認知』の違いを知るためのワークであること」「誰でも描ける単純なものを描くだけであること」を伝え、安心させてあげます。

　①紙をどんなふうに使ってもかまいません。今、手元にある紙に「ちょうどいいと思う『〇（丸）』」をまず描いてください。

　②その「〇（マル）」に対して、「いちばんバランスがいい」と思う「―（棒線）」を描いてください。

　③今、描いた紙を周囲の人と見せ合ってみましょう。自分と同じように描いた人はいたでしょうか。違う描き方をした人は、どこがどんなふうに違っていたでしょうか。

〈フィードバック〉

　何人かに、どんな絵を描いたのか見せてもらいながら（下図参照）、「どうしてそんなふうに描いたのか」を尋ねていき、全体でシェアします。

以下は実際のシェアリング時に学生が描いた絵の例と、その説明文です。

①紙を縦方向に使い、紙の左上の端っこにこぢんまりと〇が描かれていて、その下に〇より長めの横―（棒線）

②紙を横方向に使い同じく紙の下の端っこにこぢんまりと〇が描かれていて、〇とほぼ同じ長さの縦―（棒線）

③横方向に使った紙いっぱいに〇を描いて、〇の中心の斜めに―（棒線）（〇からはみださない）

④縦方向に紙を使って、紙に大きく〇を描き縦―（棒線）で〇を貫く

⑤縦方向に紙を使う。〇に刺さった縦―（棒線）が割り箸のような形状

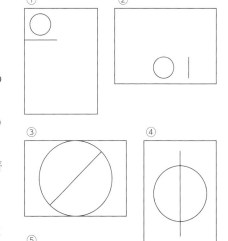

シェアリングでは、①〜⑤のように描いた理由が次のように語られました。

①もっとたくさん、いろんなものを次々と描き込んでいくと思ったので「スペースを空けておきたい」と思って端っこに〇を描きました。次の指示が「いちばんバランスがいい―（棒線）」でしたので、〇の下に引くのがいちばん安定感があると思って、〇を―に乗せるようなかたちで―を描きました。

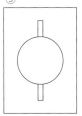

②私も同じようにいろいろ描くスペースを取っておきたいと思いました。―を〇と並べて描いたのは「いちばんいいバランス」と言われたので、サイズをそろえるのがよいと考えたからです。

2. 認知の違いを知る演習　　57

③「ちょうどいいと思う○」との指示だったので、「紙の大きさからするとちょうどいいサイズは
このくらいかな」と思っていっぱいに描きました。紙をほぼぜんぶ使って○を描いてしまった
ので、「バランスのいい―（棒線）を描け」と言われたとき、○の外に描くというのはバランスが
悪い気がして、○のなかに描きました。斜め線にしたのは、その方が補強効果が上がるというか、
○のバランスを保てる感じがしたからです。ほら、家をつくるときにも、その耐震性を高める
ために内部に筋交いになる斜めの木材を入れたりするじゃないですか。あれは縦に木材を入れ
るより、斜めの方がつっぱり効果が上がって、壁が強くなって、家のバランスが取れるからそ
うしてるんだと思います。

④私は紙を縦方向に使ったので、描こうと思えば○の上や下に同じくらいの長さの―（棒線）を描く
ことはできましたが、それではバランスが悪い気がしました。「描いた○にとっていちばんバラン
スがいい」のは、○を支えられるように縦一直線に○の真ん中に線を引くことだと考えたんです。

⑤私は「この先、いろんな物を描き足していくかも」とは全く考えませんでした。みなさんの話
を聞いて「そんなことを考えて描いていた人もいるんだ」とびっくりしたくらいです。あまり
何も考えずに、適当に大きめの○を描きました。次に描いた―（棒線）が縦になっているのは、
○の上に乗せたら安定感がなさそうだし、○の下にしても、○が転がってしまいそうで、やっ
ぱりバランスが悪く感じたのです。縦に○を貫くかたちなら、転がらないし、自立できてバラン
スがよさそうです。安定感を増すには、○を支える―（棒線）が重要ですから幅のある方がい
いかなと思って串のような形状にしました。アイスキャンディーとか焼き鳥のイメージです。

いかがでしょうか。「ちょうどよい○」と言われても、「次に描くかもしれない物に対して『ちょう
どよいサイズ』はどのくらいか」と考える人もいれば、「手元にある紙の大きさから考えて『ちょ
うどよい大きさ』」を考える人もいました。また、「いちばんバランスのいい―（棒線）」についても、「○
の大きさに対してのバランスの良さ」に注目する人、「○がいちばん安定するように」と考える人など、
さまざまです。

　もっと言えば、同じように「○にとってのよいバランス」を考えるにしても、「斜め線にして内側
からつっぱり棒のようなかたちで支えるのがよい」と思う人、「串刺状にして動かないようにするの
が安定的でバランスが取れている」と思う人と、いろいろです。

　単純な図を描くだけのワークなので、逆に絵の違いが見えやすく、「なぜそう描いたのか」をみん
なでシェアすることで「認知」の違いがより明確になったのではないでしょうか。

〈各自でふりかえり〉

　全体でのシェアリングが終わったら、ワークをやってみて「気づいたこと」やこのワークで「学ん
だこと」を次の「ふりかえりシート」に記入します。

　各自がシートに記入した内容をもとに、発信者と受け手の行き違いや誤解などのミス・コミュニケ
ーションを防ぐためにはどうしたらいいか、どんなことができたら同じ情報を共有しやすくなるかを
考えてみましょう。

他者と自分の「認知」の違いを知る

① このワークをしてみて、戸惑ったり、困ったりしたことはどんなことですか。

② 他者と絵を見せ合ったとき、気がついたり、わかったりしたのはどんなことですか。

③ もし、発信者の意図どおりの絵を描こうとするのであれば、どんなことに気をつける必要があると思いますか。

④ 他者に自分のことを伝えるとき、または他者の話を聴くときに、どんなことを意識しておくべきだと気づきましたか。

⑤ ワークを通して、自分自身のことで何か気づいたことはありますか。

3. ミス・コミュニケーションを防ぐために

　ミス・コミュニケーションを防ぐためには、発信者側はどんなところを改善するべきでしょう。一方、受け手の側はどうでしょうか。何か改善できるところは見つかったでしょうか。〔ミニ・エクササイズ①〕の最初でみなさんに伝えた注意事項についても、もう一度、考えてみましょう。

〈発信者が気をつけること〉

　自分が話そうとしていることの全体像やこれからの見通しを伝えることは、ときにとても重要になります。今回のワークでも「これから何回指示を出すか」とか「この紙に２つのものを書いてもらいます」などをいちばん最初に発信していれば、受け手側に「あまり大きく描いたら紙の余白が足りなくなるのでは」などというよけいな心配をさせることなく、もっとのびのびと描いてもらえた可能性があります。私たちは、今、自分が置かれている状況や先のことが見えないと不安になり、その不安が想像をかき立て、いろいろな憶測をはたらかせてしまうことが多くあります。そうなると発信者の言っていることを「うまく聴く」ことが難しくなってしまいます。

　また、もしきちんと自分の思っているとおりのことを相手に伝えたいのであれば、なるべく具体的に伝えることも大切です。今回の例で言えば、発信者が思っているものと同じ絵を受け手に描いて欲しいのであれば、①紙を横方向に使うべきか、縦方向に使うべきかを指定したり、②「直径15センチメートルほどの○を紙の真ん中に描く」とか「○の直径と同じ長さの棒線を○から２センチ離れた左側に描く」というように、大きさや位置を指定し、③「ちょうどいい」とか「バランスがいい」というように、それぞれの主観に左右されやすい表現は避けるべきでしょう。

〈受け手の側が気をつけること〉

　今回のワークでは「認知」の違いをより実感しやすくしてもらうため、ワークの最初に注意事項を伝えました。そのうちの「③描き始めたら、質問はいっさい受け付けません。周囲に相談することもしてはいけません。疑問がある人は今のうちに質問してください」という注意事項がなかったらどうでしょうか。きっと「紙のどのへんに○を描いたらいいですか」とか、「大きさはどのくらいが望ましいでしょうか」などという質問が出たのではないでしょうか。そういう質問があれば、発信者はそれに答えようとします。質問や疑問が出なければ、発信者側は「ちゃんと伝わっている」と思い込んで、話をすすめてしまいます。それを防ぐためには、会話のなかでわからないことがあったら「わからない」と尋ね、推測や憶測を捨てて「問い直す」ことが大切です。そういったやりとりを繰り返すことで、発信者が伝えたいものと受け手側が受け取るイメージは近づいていきます。

〈発信者側、受け手の側がお互いに気をつけること〉

　繰り返しになりますが、「誰もがそれぞれ違う物事を見る枠組み」(「認知」)を持っているという大前提を忘れないようにしましょう。私たちは同じものを見たり聴いたりしても、そこから受け取るものはさまざまです。「お互いの思いや考えが100％伝わることはない」ということを頭の隅に置きながら、他者とやりとりをするくらいでちょうどいいと思います。

4. ま と め

　ここでは、「良いコミュニケーションを図るために、どうやってミス・コミュニケーションをなくし、情報を共有するか」をテーマに話をすすめてきました。その前提として、人はみなそれぞれに違う枠組み（認知）を持っていることを体験しました。

　でも、日常生活のなかでは「正確に伝えよう」としすぎると、説明がくどくなりすぎてしまったり、押しつけがましい物言いに聞こえてしまって「つきあいにくい人だ」と思われてしまうこともあります。

　受け手の立場で、尋ねるときもそうです。「あれも」「これも」とやたらと質問ばかりする人になると敬遠されてしまうこともあるでしょう。よく言われるように、日本人は「察してもらう」ことを好み、物事をはっきり表現することを好まない傾向にあります。だからこそ、「お互いの『認知』には違いがある」ことを意識したうえで、「伝え方」や「聴き方」を学ぶことが重要なのです。第4章で学んだように、相手がもっと「話したい」と思う傾聴の仕方を身につけたり、第6章にあるようにアサーティブな自己主張を学び、他者と上手なやりとりができるようになれば、ミス・コミュニケーションは減っていき、行き違いや誤解も防ぎやすくなります。

（木附　千晶）

〈学 習 と は〉

　数学の問題を解く、作文を書くなど勉強をすることを学習というが、心理学で用いる「学習」という言葉は少し意味が異なる。学習とは勉強だけでなく、人が生きていくうえで必要とされる能力、たとえば自転車に乗れる、適切にあいさつができる、友だちと協力できるなど「これまでできなかったことができるようになる」ことを広く意味する。

〈古典的条件づけ〉

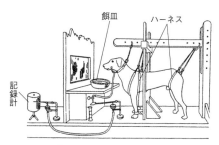

餌皿　　ハーネス

記録計

図⑧-1　古典的条件づけの状態

　学習心理学では、人の行動を大きく2つに分類している。1つが、**古典的条件づけ**である。ロシアの生理学者パブロフ (Pavlov, I. P., 1897) は、実験用の犬がえさを見ただけで唾液を出す（**強化**）ことに注目した。私たちも、レモンを口に入れ酸っぱくて唾液が出る反応を繰り返し経験すると、レモンの形を想像し言葉を聴くだけで唾液が出てくるようになる。これは、学習により新しい行動パターンが獲得されたことを示している。レモンという刺激が、唾液を生じさせる反応に結びついたのである。レモンを食べたことがない人、酸っぱいと知らない人にはレモンを見せても唾液が生じることはない。

〈オペラント条件づけ〉

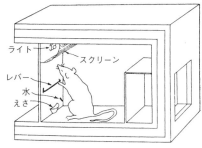

ライト　　スクリーン
レバー
水
えさ

図⑧-2　オペラント条件づけの装置と図式

　これに対して、**オペラント条件づけ**は、動物が環境に働きかけた結果、行動が変化するというものである。アメリカの心理学者スキナー (Skinner, B. F., 1938) は、図⑧-2のような実験を行った。空腹のネズミを箱に入れる。ネズミが箱のなかを探索すると、たまたま押したレバーでえさが出てくるという体験をする。ネズミはこの経験の積み重ねからレバーを押して餌を得ることを学習する。つまり、空腹のネズミが箱のなかにえさがないか自発的に探しまわり、偶然に押したレバーから結果として、えさを得る方法を学習したと説明できる。ネズミは古典的条件づけの犬とは異なり、えさを得るため自ら働きかける。たとえば、イルカの芸やサルの曲芸などで期待される芸ができるとえさを与え、さらに芸をするように仕向けるのはオペラント条件づけを用いた方法である。子どものしつけでは良いことをしたら褒める（**報酬**）、門限を守らなかったらおやつなし（**罰**）などで望ましい行動を身につけさせることなども同様である。この学習は、ネズミの自発的な行動がネズミの次の行動に影響を与えることから、パブロフの条件づけとは異なる学習であるといえる。

　しかしながら、叱られるなどの不快なことが回避できない状況に長く置かれると、「なにをしてもどうにもならない」ということを学習してしまう。これを**学習性無気力**という。

〈観 察 学 習〉

　ところで私たちは、経験を通してだけ新しい行動を獲得するのではない。人の行動を見聞きし、「あれは良い方法だ」「ああすればいい」と新しい行動を学ぶことも多い。

　観察学習：バンデューラ (Bandura, A., 1965) は、モデルのおとながビニール人形に乱暴する画像を3グループの子どもたちに見せ、後にその子どもたちが同じビニール人形をどう扱うかという行動についての実験（ボボドール実験）を行った。それぞれのグループには人形に乱暴したときにモデルが、①褒められる、②叱ら

れる、③賞罰なし、という異なった内容の画像が見せられる。その結果、モデルが②叱られるのを見たグループは、人形を与えたときに乱暴行動が少ないことを認めた。このように、モデルが賞罰の強化を受けるのを見聞きするという代理経験から得られるものを代理強化という。これらの実験が明らかにされたのは、①行動は模倣される、②自分が直接褒められなくとも、モデルが褒められることで行動が強化される（代理強化）点である。

　模倣学習：ミラーとダラード (Miller, N.E. & Dollard, J., 1914) は、左右に置かれた2つの箱の一方にだけキャンディを入れ、子どもたちにどちらかの箱を選ばせる実験を行った。子どもたちには、どちらの箱にキャンディが入っているかは知らされていない。子どもらは自分が箱を選ぶ前に別の子ども（モデル）の様子を観察し、モデルと同じ箱を選ぶとキャンディが手に入ることを学習する。この経験を繰り返すと、すべての子どももがモデルと同じ箱を選ぶようになった。この実験は、他者の行動を真似る（模倣）ことで、あらたな学習を獲得したことを示している。

　後にバンデューラらは、1960年以降のテレビ文化に関係する実験としても知られる、目の前にいない実在の人物でない、攻撃的なモデルの影響をも調査した。彼らは、このモデル実験に限らず、マンガ、アニメ、テレビなどの登場人物であっても学習が成立することを見出している。他者の行動やその結果をモデル（手本）として観察することで、観察者の行動に変化が生ずる。たとえば、テレビアニメの主人公と同じ喋り方をしたり、誰かのマネをしたりするというのは、モデリングの一例である。この点が従来の条件づけの理論だけでは人の行動は説明できないことを裏づけることになった。

図⑧-3　ボボドール実験　上段：おとな、中段：男の子、下段：女の子 (Bandura et. al.)

（青木　智子）

対人コミュニケーションを
ゲームで学ぼう

これまでの章では、良好な対人コミュニケーションのために必要な知識を得るための学習を中心に取り組んできました。この章では、ゲーム課題を通じてこれまで学んだ対人コミュニケーションの知識を活用し、コミュニケーション・スキルを実際に用いることで、これまで学習してきた内容をさらに深めていきます。

■■ *1.* ゲーム課題その① 「ザ・サバイバル」 ■■

〈ねらい〉

これまでに学習してきた「傾聴スキル」「話すスキル・アサーション」を活用して、グループ内での対人葛藤場面や意思決定場面を体験的に学習し、円滑な話し合いのためにグループ全体で共有すべきことへの気づきを目指します。

〈準備するもの〉

「ザ・サバイバル記入シート」(図9-1)、筆記用具

〈実施の手順〉

①6人1グループを構成します。グループの配置等は第3章を参考にしてください。

②授業者は、総合司会者として、以下の場面設定文を読み上げます。

〈場面設定〉

あなた方6人が小型飛行機で太平洋を横断中のことです。突然のエンジントラブルが発生し、機体は海上に不時着することになりました。

不時着のショックで、機体は大破し、あなた方は海に放り出されてしまいました。幸いにも、大きなケガをすることなく6人全員が一命を取り留めました。バラバラになった機体の倉庫からは、いくつかの道具や荷物などのアイテムが海上に散乱しています。

そして、海上の遥か先にうっすらと島らしきものが見えています。

この海域には、人が住んでいる島はありませんから、おそらく無人島でしょう。そこがどんな無人島なのか、誰も知りません。

あなた方が無人島まで泳ぎながら運べるアイテムは6つが限界です。さて、無人島でのサバイバルには、どんなアイテムが必要になるでしょうか。

ザ・サバイバル　記入シート

学籍番号　　　　　　氏名

アイテム	順位 (1〜6)	選んだ理由	グループメンバーの氏名と選んだ順位					結論 (1〜6)
浮き輪：1つ								
ウォッカの入ったボトル（酒）：1本								
家族の写真：1枚								
のこぎり：1本								
中華鍋：1つ								
ロープ：5メートル								
薬（抗生物質）：10錠								
さいほう用の針と糸：1セット								
望遠鏡：1つ								
手回し式ラジオ：1つ								
バレーボール：1つ								
方位磁針：1つ								
ビニールシート：1枚								
非常食：6食分								
火打石：1セット								
水入り2ℓペットボトル：6本								
防水仕様のスマートフォン：1つ								
植物辞典：1冊								

図 9-1 ［ザ・サバイバル記入シート］

③授業者は、図9-1の「ザ・サバイバル記入シート」（以下、シート）を人数分配布します。

④授業者は、18個のアイテムを順番に読み上げます。

⑤グループメンバーは、最初に誰にも相談せずに1人で必要と思うアイテムを6つ選び、それぞれに優先順位をつけます（シートの「順位（1〜6）」）。

⑥続いて、6つのアイテムそれぞれをなぜ選んだのか、使用方法やそのアイテムへの想いを記入します。

⑦グループメンバーすべてが自分の考えで6つのアイテムの選定と選定理由を記入したところで、今度はグループでの話し合いです。

⑧グループリーダーを1人決めます。グループリーダーから順番に、自分の名前と選んだアイテム名、その順位、選んだ理由をグループメンバーに発表していきます。

⑨発表を受けて、グループメンバーは、シートの「グループメンバー氏名と選んだ順位」の箇所に、発表者の氏名と選んだ順位を記入していきます。以下、同じようにすべてのグループメンバーが順に発表していきます。

⑩グループメンバーによって、選ぶアイテムやその順位が異なっているので、グループメンバー全員が納得できるように、6つのアイテムを選び、シートの「結論」の箇所にその順位を記入します。

⑪最後に、無人島の名称をグループで考えましょう。

〈話し合いのポイント〉

・自分が選んだアイテムをグループのアイテムとして採用してもらえるように、その必要性をグループメンバーにしっかりと主張します。主張の際は、アサーティブ（第6章）にふるまうことを忘れないようにしましょう。

・グループメンバーの意見を聴いているときは、傾聴スキル（第4・5章）を意識しながら、グループメンバーの意見を最後まで関心を持って聴いていきます。

・最終的にグループで結論を出すときには、自分と相手の意見が尊重され、互いに納得できるように結論を出しましょう。決して安易に妥協して結論を出さないようにしてください。また、単純に多数決などを用いずに、少数派の意見も十分に聴き取って結論を出しましょう。

---

⑫各グループから、シートの「結論」に記入した順位どおりに、アイテム名を黒板に書いてもらいます。その際、グループで決めた無人島の名称も書いてもらいましょう。

⑬各グループから、話し合いのプロセス、結論の出し方等を発表してもらいます。

〈ふりかえり〉

グループメンバー一人ひとりが、グループのアイテム選定までのプロセスをふりかえります。グループメンバーの発言を最後まで傾聴することができたか、相手の意見を尊重しながら、全員が納得できる答えを導き出すことができたか、自分の主張の仕方はアサーションに基づいたものであったかなどをふりかえってみましょう。

　このゲームでは、架空の場面設定のもとで、参加者同士が納得できる意思決定までのプロセスを体験します。実はこのゲームにおいて、プロセスをスムーズに進めるポイントは、「話題となる場面情報の共有」だったことに気がついたでしょうか。みなさんが泳ぎ着いた無人島は、みなさんの頭のなかでイメージされたそれぞれの無人島でした。一概に無人島と言っても、木々が生い茂り、野生動物が生息する無人島もあれば、岩肌がむき出しの草木がほとんどない無人島もあります。また、潮の流れが激しくて一度島に上陸したら簡単には島を出られないかもしれませんし、リゾートのような、白い砂浜と穏やかな海に浮かぶ南の島をイメージしたかもしれません。このように、それぞれがイメージした無人島によって、選ぶべきアイテムも変わってくるわけです。

　話し始めの最初の段階で、グループ間で「無人島イメージを共有」し、統一された無人島イメージをもとに話し合いをすすめると比較的スムーズに意思決定までのプロセスをすすめることができるのです。

　普段の会話のなかでも、相手と会話がかみ合わない、意見がなかなか一致しないなどの場合、もしかすると話題になっていることがらについてのイメージがずれている可能性があります。そんなときは、「ちょっと待って、そもそも○○について、どうイメージしている？」と尋ねてみるとよいかもしれませんね。

2. ゲーム課題その② 「人狼ゲーム」

〈ね　ら　い〉

　これまでに学習した「傾聴スキル」と「話すスキル・アサーション」を活用してゲーム用に設定された不確かな人間関係のなかで、「説得」と「嘘」を巧みに操りながら、問題解決のための思考力、判断力、表現力等を育みます。

〈準備するもの〉

人狼ゲームカード（市販品だと1000円程度）

「市民」×6〜9枚……一般市民です。特殊な能力はありません。

「ボディーガード」×1枚……毎晩誰か1人を人狼の襲撃から守ることできます。2晩続けて同じ人を守ることはできません。

「預言者」×1枚……毎晩誰か1人について「人狼」か「人狼ではないか」知ることができます。

「人狼」×2〜3枚……昼間は市民に化けています。毎晩誰か1人を襲撃します。

〈実施の手順〉

①10〜14人が輪になってグループを構成します。30人程度のクラスで実施する場合、クラスのほとんどが人狼ゲームに参加した経験があれば、3つにグループ分けをした後、授業者が総合司会として同時進行で展開させても良いでしょう。また、クラスの10人程度が人狼ゲームに参加した経験があれば、モデルとしてその経験者だけで実施し、他の人はゲーム中のグループの様子を観察してルールを覚えてもらう方法、3人組をつくって1つの役職を3人で共有してグループ

に参加する方法などが考えられます。参加者の経験や状況により適宜選択してください。

② 授業者は、総合司会者として、以下の教示文を読み上げます。

　人狼ゲームは、「市民陣営」と「人狼陣営」による生き残りをかけたゲームです。

　市民陣営は「市民」、「ボディーガード」、「預言者」で構成されており、市民の姿に化けた「人狼」を探し出して、処刑することが目的となります。

　人狼陣営は、正体を隠して処刑を逃れ、毎晩市民を襲撃して、村を滅ぼすことが目的となります。最初にみなさんには役職カードを配り、市民陣営と人狼陣営に分かれてもらいます。市民陣営は、人狼が誰かわからない状態でゲームが開始します。一方で、人狼陣営は、仲間の人狼が誰かわかる状態でゲームが開始します。

　ゲームは「昼の時間」と「夜の時間」を繰り返し行います。

　昼の時間には、全員で人狼を探す会議を行います。会議が終わったら、それぞれ人狼だと思う人に投票を行います。そして、最も人狼だと疑われて票を集めた人を、毎日1人処刑します。

　夜の時間には、全員で目を閉じて、眠りにつきます。最初に、人狼だけが目を開けて、犠牲とする市民を1名選び、襲撃します。次に、「預言者」だけが目を開けて、参加者のうち1人が「人狼」か「人狼ではない」かを知ることができます。次に、「ボディーガード」だけが目を開けて、参加者のうち1人だけ人狼からの襲撃を守る人を決めます。

　そして夜が明け、次の昼がくると、人狼に襲撃された人が発見され、また人狼を探す会議と投票を行います。

　このように、昼に処刑で1名、夜に襲撃で1名、毎日2名ずつ犠牲者が出ます。

　犠牲者となった人は、ゲームから脱落し、以降は話をすることができなくなります。

　人狼をすべて処刑することができれば市民陣営の勝利、生存している市民（ボディーガード、預言者含む）の人数が人狼の数と同数以下となったら人狼陣営の勝利となります。

　途中でゲームを脱落しても、所属する陣営が勝利したら、自分も勝利となります。

　なお、処刑や襲撃されてゲームから抜けるとき、自分の役職カードを公開してもらいます。そのため毎日の処刑・襲撃された人物が、人狼なのか市民、ボディーガード、預言者なのか全員がわかることになります。処刑や襲撃をされたとき以外には、絶対に自分の役職カードを他人に見せないでください。

（丹野・児玉, 2015 を一部加筆修正）

③総合司会者は、役職カードを裏返して参加メンバーに配布します。カードを受け取った参加者は、決して他の参加者にカードを見られないようにしてください。

　なお、10人～14人の参加者の場合、「人狼2～3枚、ボディーガード1枚、預言者1枚、市民6～9枚」でゲームを行います。

④総合司会者は、参加者全員に目を閉じるように伝え、人狼だけ目を開けさせて、誰が人狼なのかを確認しておきます。このとき、人狼同士も誰が人狼なのかアイコンタクトで確認し合います。続けて、ボディーガード、次に預言者に目を開けてもらい、誰が該当者なのかを総合司会者は

確認しておきます。

⑤昼の会議からスタートします。1日目の昼の会議では、参加者が順番に自己紹介と「私は人狼ではありません」と宣言してもらいます。昼の会議の時間は、参加人数に応じて適宜設定してください。10人程度の参加人数であれば、10分前後に設定します。総合司会者は、自由に議論する時間と、参加者一人ひとりが「誰が人狼か」を述べる時間を適宜設定してください。1人の発表時間は10〜30秒程度にします。

⑥昼の会議で10分経過したら会議を終了してもらい、処刑する人を一斉に指さします。選ばれた人は自分の役職カードを参加者に見せたのち、ゲームを脱落します。選ばれた人が複数いた場合は決選投票を行い、処刑する人を1人決めます。

⑦続いて、全員目を閉じて夜の時間になります。夜の時間は、最初に人狼だけが目を開いてお互いにアイコンタクトしながら、襲撃する1名を選び、総合司会者にアイコンタクトで伝えます。

⑧次に、預言者だけが目を開けて、参加者のうち1人を選んで「人狼」か「人狼ではない」か、を総合司会者から教えてもらいます。次に、「ボディーガード」だけが目を開けて、参加者のうち1人を選んで人狼の襲撃から守る人を決めます。

⑨昼の時間です。総合司会者は、参加者全員に目を開けるように伝え、人狼たちが選んだ襲撃する人を発表して（「○○さんが襲撃に遭いました」）、襲撃された人は自分の役職カードを参加者に見せたのち、ゲームから脱落します。このとき、ボディーガードの守った人が人狼の襲撃に遭った場合、襲撃失敗となり、犠牲者は出ません（「昨晩の襲撃で犠牲者は出ませんでした」）。

⑩このようにして、昼と夜の時間を繰り返しながら、市民陣営と人狼陣営の生き残りをかけたコミュニケーションが行われます。総合司会者は、人狼陣営、市民陣営のどちらかが勝利条件を満たしたところでゲームの終了を告げます。

〈ゲームを実施するうえでの注意〉

ゲーム課題はあくまでもゲームであることを理解して取り組んでください。「みんなから疑われて処刑された」としても、それはゲーム上の出来事です。特に1日目の昼の会議では、互いの情報がほとんどないなかで処刑する人を決めるので、あいまいな状況で選ばれてしまうことが多いようです。あまり感情的にならないように注意しましょう。

〈ふりかえり〉

参加者一人ひとりにゲームに挑戦してみた感想を発表してもらいます。その際、自分はどんなところがうまく取り組めたか（上手に主張することができた、相手の発言をしっかり聴く姿勢で取り組んだなど）、そして、どんなところが難しかったか、さらに、参加者のなかでお手本にしたい人の名前を挙げて、その人のどんなところが良かったかを伝えてあげてください。

最後は全員が拍手をして、「ゲームだったけど騙したり、疑ったりしてごめんね」と感謝と労いの言葉を掛け合いましょう。

〈解　説〉

人狼ゲームは、世界中で楽しまれている会話型の心理ゲームです。その魅力は、「プレイする人間によってゲームの展開や内容が大きく変わる」（丹野・児玉, 2015）ところにあります。本書でこれまで

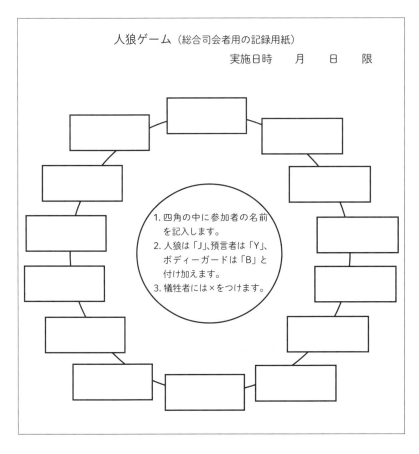

人狼ゲーム（総合司会者用の記録用紙）

実施日時　　月　　日　　限

1. 四角の中に参加者の名前を記入します。
2. 人狼は「J」、預言者は「Y」、ボディーガードは「B」と付け加えます。
3. 犠牲者には×をつけます。

学んできたコミュニケーション・スキルを楽しみながら応用していく格好の題材といえるでしょう。

　市民は、他の参加者の誰が同じ市民なのか、それとも人狼なのかわかりません。参加者の発言を冷静に傾聴し、これまでともに学んできた仲間の普段とは違う一瞬の表情や態度の変化を読み取り、「人狼」か「市民」なのかを判断する観察力が求められます。

　一方で、人狼はお互いに誰が人狼なのかわかったうえでゲームが展開されます。仲間が疑われているときに、上手にその矛先を人狼以外の人に仕向けたり、また自分が人狼として疑われないように、意図的に発言や表情、態度に気を配り、市民に成りすますことが求められます。いくら言葉で「自分は人狼ではない、あの人は人狼ではない」と言ったところで説得力に欠けますから、どのようにすれば市民の目を欺くことができるのか、またあえて人狼のようにわざとらしくふるまって市民陣営を混乱させるなど、さまざまな戦略が考えられます。

　人狼ゲームは今回のゲーム課題で用いられた役職以外にもさまざまなものがあります。ゲームに慣れてきたら、他の役職を追加してさらにコミュニケーション・ゲームを楽しんでみてください。

■ 3.まとめ ■

　ゲーム課題その①・②を通じて、これまで学んできたコミュニケーションのスキルを十分に発揮することができたでしょうか。それぞれの課題は、コミュニケーションのスキルを駆使することで楽しめる設定になっています。ゲームを通じて体験的に学習したことを、普段の生活のなかのコミュニケーション場面でも応用していきましょう。

（水國　照充）

〈**性格（パーソナリティ）とは**〉

　人はそれぞれに違うものの見方、考え方、感じ方、好み、態度や言動があり、そこには個人差があり、各自が「その人らしい」特徴を持っている。こうした「その人らしさ」は、ときや場所などが変化してもある程度の一貫性を持っている。このように状況が変化してもある個人の「その人らしさ」を示し、その個人に特徴的な行動や思考などを決定しているもの、またはその差異や特徴などを**性格**（Character）とか**人格**（Personality）とよぶ。本稿ではこれらを**パーソナリティ**と記述する。

　パーソナリティは、生まれつきの部分と、その後の環境によってつくられる部分があるとされ、遺伝的要因と環境的要因の両方から影響を受けていると考えられており、その理論には類型論と特性論がある。

〈**類　型　論**〉

　血液型を例に挙げれば「A 型はまじめ」とか「B 型はマイペース」というように、ある一定の原理に基づいて典型的な性格を設定し、それによって性格を分類、理解しようという立場のこと。類型論的な記述は、典型的な少数の方に分類し、個人差を質的な違いとして把握しようとするため理解しやすいが、現実にはどの型にもあてはまらない人もいる。

　代表的類型論に**クレッチマー**（Kretschimer, E.）によるものとユング（Jung, C. G.）によるものがある。

①クレッチマーは、その人の体格に応じて、人々の先天的気質を以下の肥満型、細長型、闘士型の 3 つに分類した。

体　型	気質型	特　徴
肥満型	躁うつ気質	・社交的で温厚，善良で親切 ・明朗で活発，ユーモアがある，激しやすい ・寡黙で平静，柔和，気が弱い
細長型	分裂気質	・非社交的で内気，生真面目でユーモアがない ・敏感で神経質，傷つきやすく興奮しやすい，臆病，恥ずかしがり ・従順，お人よしで温和，無関心，鈍感
闘士型	粘着気質	・粘り強く几帳面で融通がきかない，静かでエネルギッシュ ・生真面目，堅苦しい，まわりくどい ・興奮すると夢中になる，激怒しやすい

図⑨-1　クレッチマーの類型論（クレッチメル，1978 より作成）

②ユングは、人間の心的エネルギーが、自己の内外どちらに向かうかという観点から外向型と内向型に分類した。外向型の人は、興味や関心が外に向き、感情表現が率直で社交的である。一方、内向型の人は内的世界に関心が向き、主観的で感情をあまりあらわさない。さらにユングは、思考・感情・感覚・直感という 4 つの心的機能を挙げ、外向・内向という基本的態度に心的機能を組み合わせた 8 つの性格類型を考えた。

〈特　性　論〉

　誰かの性格を表現する際、「頑固だが情にもろい」「優しいけれど怒ると怖い」というように、いくつかの特性を示すことはよくある。このように人の性格は一言では表現できないことが多い。そこでこうした性格を構成している一般的な特性を明らかにし、パーソナリティは特性の集まりによるものと考え、さまざまな特性の組み合わせによってパーソナリティを記述しようという立場が、特性論である。この立場を取る有名な研究者に**オールポート** (Allport, G. W.) と**キャッテル** (Cattell, R. B.) がいる。

　オールポートは、人それぞれで比較できない個人が独自に持つ特性を「個人特性」と、同一文化のなかで共通性が認められ、その量を相互比較できるものを「共通特性」と定義した。さらにキャッテルは、この「個人特性」と「共通特性」に基づいて外から観察される「表面特性」だけでなく、因子分析を用いた統計的手法でその背後にある「根源特性」を探ろうとした。

　近年、**ゴールドバーグ** (Goldberg, L. R.) が提唱した**ビッグ・ファイブ**説では従来の研究で提示されたさまざまな基本特性が整理された。人間が持つさまざまな性格は 5 つの因子から成っていると考えるため特性 5 因子論ともよばれる。5 つの因子とは、「神経症傾向 (Neuroticism)」、「外向性 (Extraversion)」、「開放性 (Openness)」、「調和性 (Agreeableness)」、「誠実性 (Conscientiousness)」である。

〈パーソナリティ（人格）障害〉

　パーソナリティはさまざまであり、それに善し悪しなどはない。しかし、その人が属している文化のなかで、社会が求めるものから大幅に逸脱していたり、日常生活に不適応を起こして苦痛を感じたり、周囲の人が困るような考えや言動をするようなパーソナリティの偏りがある状態をパーソナリティ障害という。

　他の精神疾患とともに存在することも多く、うつや依存症などを伴うこともある。アメリカ精神医学会による診断基準『**DSM－5**』では、①疑い深さが顕著な「猜疑性（妄想性）パーソナリティ障害」、②他者と親密な関係を持ちたがらない「シゾイド（スキゾイド）パーソナリティ障害」、③風変わりな認知や奇妙な行動が目立つ「統合失調型パーソナリティ障害」、④社会規範に適合しない「反社会性パーソナリティ障害」、⑤感情の起伏が激しく衝動性が高い「境界性パーソナリティ障害」、⑥過度に人の注意を引こうとする「演技性パーソナリティ障害」、⑦賞賛されたい欲求が強い「自己愛性パーソナリティ障害」、⑧不全感が強く、否定的評価に過敏な「回避性パーソナリティ障害」、⑨面倒をみてもらいたい欲求が強い「依存性パーソナリティ障害」、⑩完璧主義で柔軟性に欠ける「強迫性パーソナリティ障害」の 10 種類に分類される。

　ただし、この分類や診断基準が妥当かどうかにはさまざまな議論があり、文化社会的な背景が異なると、あてはまらない場合もある。たとえば、回避性パーソナリティ障害は日本人の一般的性向と似ているため、日本人にはあてはまりやすいことが知られている。

　上記のように各パーソナリティ障害に特徴的な性格の偏りが見られる一方、パーソナリティ障害全般に共通して見られることが多い特徴もある。「極端な白黒思考」「傷つきやすさと人間関係の不安定さ」「自己否定感や劣等感」「自他の境界のあいまいさ」「自分へのこだわりの強さ」などである。

（木附　千晶）

より良いコミュニケーションのために 10

～自己理解を深める①～

「自分について話をしなければならないのに、自分のことがよくわからない。」

　自己紹介には、自分の名前や趣味など、「言わなければいけない（話さなければならない）」いくつかのことがらがあり、あらかじめ準備が必要です。また、自己紹介する場（授業など）、何分話すのか（3分など）、何が求められているか（就職活動における面接など）によって、語るべき内容も工夫しなければなりません。

　さらに、「長所や短所」「内面や性格傾向」「自分自身をどう（認識しているか）捉えているか」「他者との違いはなにか」「○○（例として「仕事」）についてどう考えているか」などの自身の考え方や価値観が問われることもあるでしょう。

　あらためて「そもそも自分ってなんだろう？」と、自分自身へのふりかえり、自己理解、自己分析を行うのがこの章での目的です。ここでは、心理学のなかでも無意識や投影法という手法を手がかりに、これまでみなさんがあまり試みたことのない方法で自分自身への理解を深めていくことにします。まずはじめに、あまり深いレベルの自分を分析するのではなく、比較的浅いレベルの意識を知ることができる「20の私」に挑戦してください。

◤▪ *1.* 自己理解と無意識 ▪◢

　誰もが「自分とは何者で、友人とはどのような違いがあり、どんな価値観や人生観を抱いているのか」を真剣に考えるような時期を迎えます。心理・社会的発達理論で知られる**エリクソン**は、これを成人を迎えるまでの過渡期、すなわち青年期の「発達課題」であると説明しました。青年期に自分の存在意義を問い、自己意識を深めることを**アイデンティティ**（自我同一性）の確立と呼びます。

　さて、「自分を知る」ための**臨床心理学**の方法のなかに、**心理アセスメント**（心理テスト）があります。たとえば、さまざまな質問に、「はい・いいえ・どちらでもない」などで答えて性格などを診断する**質問紙法**は、みなさんの性格傾向を数値等で示してくれます。しかし、それらは自分が自覚（意識）している部分についてのみ回答し、得られた結果と考えることもできるでしょう。

　人の行動や心のほとんどは、無意識に支配されています。しかし、無意識を自ら自覚することはできません。なぜならそれは無意識であるため、意識すなわち自覚できないのです。たとえば、絶対に言い間違えてはいけないと注意をしていたのに、言い間違いをしてしまう、または、言おうとしたことと反対のことを言った……**精神分析**の創始者で無意識の発見者でもある**フロイト**は、人のこのような言動に目を向けました。本音は隠すつもりだったのに、何かの拍子で口に出してしまうなどのごく日常的な出来事です。フロイトは、これらについて、人は意識した部分だけで行動しているわけでなく、

〔ミニ・エクササイズ①自分紹介：「20の私」〕

「私は……」で始まる文を完成させてみましょう。
あまり深く考えず、頭に浮かんだことをそのまま簡単な文章で記入していってください。
例）私は、料理が好きで、毎日手作り弁当を持参しています。

1. 私は、_____
2. 私は、_____
3. 私は、_____
4. 私は、_____
5. 私は、_____
6. 私は、_____
7. 私は、_____
8. 私は、_____
9. 私は、_____
10. 私は、_____
11. 私は、_____
12. 私は、_____
13. 私は、_____
14. 私は、_____
15. 私は、_____
16. 私は、_____
17. 私は、_____
18. 私は、_____
19. 私は、_____
20. 私は、_____

無意識の力に大きく影響を受けているからこそ、言い間違いなどの錯誤行為が起こると考えました。さらに、夢にはその人の無意識の世界の内容が含まれるとし、治療すなわち心理療法の場面に活用したのです。

　フロイトは悩みを抱える人（＝来談者・クライエント）との面接で、夢を分析する方法を用いました。睡眠中、私たちの意識はぼんやりした状態にあります。寝ているときに見る夢は、整合性もない、支離滅裂な内容のものが少なくありません。しかし、そのよくわからない夢こそが、自身の無意識が選んだ重要なものでもあります。フロイトは「こういった夢を見た人にはこのような無意識が隠れている」という仮説から、1900年に『夢分析』の本を発表します。ここには例として「入れ物、容器は女性性」「ステッキや棒状のものは男性性」「動物は本能的なエネルギー」を示す、などの説明がくわえられています。夢分析では夢のなかにあらわれるさまざまなシンボルが重要な意味を持つのです。

　この理論について詳しく知る前に、ミニ・エクササイズ①をふりかえってみましょう。自分につい

てどれだけ言語（言葉）で表現できていますか？　エクササイズ①は、「私は……」という提示された刺激語に続けて、自分について思うことを自由に書く**投影法**です。たった 20 問ですが、完成にはかなりの時間が必要かもしれません。

（1）完成したら、文章の中身を検討してみましょう。その内容は大きく、以下の 4 グループに分けることができるはずです。①客観的事実、②外面的・表面的特徴、③心理的特徴、④内面的特徴とおおまかに自分の記述内容を①〜④で分類してください。

①「私は東京で生まれました」「私は電車通学をしています」⇒自分の現在の日常生活の事実

②「私は料理が好きです」「私はコーヒーが好きです」⇒自分の好みや関心

③「私は自由な時間が欲しいです」「私は早く結婚したいです」⇒自分の願望、欲求

④「私はさみしがりやだと思います」「私はマイペースな方だと思います」⇒性格傾向、長所短所

（2）①のグループに分類できる記述はいくつありましたか？　これらは、単なる客観的事実が記述されているもので、この記述が多い人は、自分自身の感情について知ることに防衛的と言われます。

（3）「感情」という視点から、②③④に分類された内容を分析していきます。少し難しい作業ですが、あくまで主観的な分類でかまいません。たとえば、「私は自由な時間が欲しいです」という答えに対して、肯定的に感じるなら肯定感情、困ったことと感じるなら否定感情、両方が混在していると感じるなら両価感情（ひとつの物事に対して、逆の感情をもつこと）と分類します。一般に、肯定感情が多い人は自己肯定感（自分を認める気持ち、自分を好きだという感情）の強いタイプ、否定感情が多い人は自己肯定感の低いタイプと考えます。両価感情が多い人は自分に迷いが生じやすいタイプと言えるでしょう。

結果はエクササイズ①を試した時点でのことであり、あくまで一般論な見方に過ぎません。また、この結果に良い・悪いはなく、自分を知り、見つめ直すことで自分が何者なのか、自分を理解する手がかりとして役立ててください。

あわせて、ミニ・エクササイズ①は自分紹介や自分自身を「書くこと」で再認識する方法としても活用できるでしょう。

〔ミニ・エクササイズ②吹き出しに言葉を入れる〕
吹き出しに自由に言葉をいれてみよう。

■ 2. イメージと私：絵を描いてみる、描かれた絵から想像してみる

　エクササイズ②は、文章ではなくすでに描かれている絵を見て、空白のセリフ部分に言葉を書くタイプの投影法です。セリフは２つありますが、その形から上にはこの人が考えていることを、下は、その姿を見て発言するあなた自身の言葉が書かれるなど、見る人の受け止め方によって違いがありそうです。完成したら、まわりの人と「絵の何をどう見てセリフを書いたのか」を中心にシェアリングをしてください。

　同じ絵を見ているにもかかわらず、イメージすることはさまざまです。それぞれの視点の違うこと、セリフの面白さや発想の豊かさの違いと、自分が書いたものについて検討してみましょう。

〔ミニ・エクササイズ③バウムテスト〕
A4 の紙に「1 本の木を描いてください」

　そもそも、私たちは意識の部分を自覚できても、無意識の部分を意識することはできません。では、どうすれば、私たちは自分の無意識に目を向けることができるのでしょうか。

　エクササイズ③は、自由に木を描く表現を通して、言語とは異なる、ぼんやりとしたイメージの自分、無意識の自分に近づくという方法を試す**描画法**とよばれる投影法の１種です。**バウムテスト**以外にも、「1 枚の紙に家、木、人を描いてください」という教示の S-HTP 法などの方法があります。

　大きな木、元気な木、木登りをしたくなるような木、墓場にあるような木、実際には存在しないような木、枝ぶりがよく、たくさんの実のなる木、幹の太い堂々とした木、家の前にある柿の木、1 度は行ってみたいハワイのヤシの木など描かれる木はさまざまです。周りの友だちの絵は自分の描いたものとどう違いがありますか。「1 本の木」を描くだけで、これだけ表現に違いが出るのも、一人ひとりが木についてイメージするものが異なるからだということがわかります。

　では、なぜバウムテストでは、「木」がテストの素材として選ばれているのでしょう？　「木」にはどのような意味があるのでしょうか？　その意味を考える前に視点を変えて、絵や写真を組み合わせて自分を表現する方法にチャレンジしてみましょう。絵を描くのは苦手……という人にも気軽に取りかかれるはずです。

■ 3. コラージュを作る：イメージの組み合わせ

　コラージュという言葉を知っていますか。図工や技術の時間に体験した人もいるかもしれません。コラージュとは、フランス語で切って貼るという意味です。美術技法として、パブロ・ピカソ、ジョルジュ・ブラックらが始めた、新聞、布切れなどや針金、ビーズなどの絵具以外の物をいろいろと組み合わせて画面に貼り付けるパピエ・コレに由来します。美術史としては、1919 年にマックス・エルンストがこの方法を発案しました。その後、1960 年代にアメリカの精神科作業療法（リハビリテーション）でクライエントの志向を知るために活用され、1990 年代には日本においてコラージュ療法（心理

療法）として用いられるようになりました。現在では、健康な人のための自己開発やグループづくり、キャリアカウンセリング等にも幅広く活用されています。

　まずは、ミニ・エクササイズ④ タングラム（Tangram：別名 Chinese Puzzle）に挑戦してみましょう（図10-1）。

〔ミニ・エクササイズ④タングラムコラージュ〕

ここにいろいろな色の色紙があります。

①同じ色の色紙でも、違うものでもかまいません。3枚の色紙を選択してください。

②ハサミを使って、三角や四角など、稲妻のようにギザギザになってもかまいません。丸くカーブしないように「直線断ち」にしてもらいます。

③あなたの切った切片を隣の席の友達と交換します（交換せずに作成するという方法でもかまいません）。

④もらった切片を重ね合わせ、並び合わせ、間隔を置いて並べるなど余白の形を生かして、配布した画用紙に糊で貼り付けて作品を作ってみましょう。

⑤作業が終わったら、「作品」のタイトルをつけ、2分以内で「作品」について発表してもらいます。発表を聴いた「いいところだけ褒めて、悪いこと、ネガティブなことは言わない」というルールの下、友人の「作品」を鑑賞し、他者の「良いところを見つけ、それを言葉で表現してみる」試みにチャレンジしましょう。

　タングラム・コラージュとは、2～3枚の色紙をハサミを用いてばらばらの切片とし、それらを並べ、重ね合わせる、隙間を空けて余白を活かすなど組み合わせて、なんらかの作品をつくりあげるものです。

　完成した作品から、さまざまな形態を発見し、楽しむことができるでしょう。同じ枚数の折り紙が、思いもしなかった形に切り抜かれ、友達から手渡されます。その切片をどのように工夫し、組み合わせて作品を作りあげることになるのでしょうか。

　①自分の切り抜いた切片を②受け取った友達が作りあげる作品、③作品のテーマや発表の説明、というプロセスに目を向け、自分と「表現」について考えます。他者の発言で、「なるほど、こういう表現もあるのか」と思ったものは、自分でも生活のなかで使用してみてください。あわせて、他者に褒められることで、自分の気持ちに生じたことにも目を向けてみましょう。

　次に紹介するのは、マガジン・コラージュといわれるミニ・エクササイズ⑤です。

図 10-1　タングラム
（橘, 2003, p.6）

■■ *4.* イメージと自己分析 ■■

〔ミニ・エクササイズ⑤コラージュ〕

①準備するのは、4つ切り画用紙、糊、ハサミ、雑誌やチラシ、新聞やフリーペーパーです。

---

②「コラージュをつくってみませんか？　雑誌などから好きなもの、気になるもの、心惹かれるもの、
　目にとまったものなどを切り抜いて画用紙に好きなように置いて、位置が決まったら糊付けして
　ください。今日は「学校」というテーマで作成してみましょう。45分程度で作成してください。」
③完成した作品を眺めて、貼られた写真について思いを巡らせてください。また、ふりかえりシー
　ト（表⑩-2）を完成させましょう。

　完成した作品を眺めて、コラージュを自己分析してみましょう。〈ふりかえりシート〉を手がかりに、
以下の点から自分の無意識にも目を向けて考えてみてください。
　①　作品に何が貼られているか。人が多い、物が多いなど（表現された内容について分析する）
　②　写真やイラストなどの切片の切り方、貼り方（表現された形式を分析する）
　③　画用紙の使い方（空間象徴論を用いて空間分析する）
　①なぜこの切片を選択したのか説明できないものもあるかもしれません。②写真切片そのものを
ていねいに切り貼りしている、ハサミなどを使わずにちぎって貼った、貼りきれなくて重ね貼りをす
るなどの工夫が施されていませんか。台紙いっぱいに貼られている、切片が少ない、空白が目立つな
どの特徴にも目を向けてください。③空間象徴論という理論では、台紙の中心には自分自身、右には
未来、左には過去が表現されると説明されることがあります。完成した作品では、画用紙という空間
はどのように使われているでしょうか。また、画用紙を丸く切ったり、本に見立てて折り曲げてみた
り、飛び出す絵本のように立体的な造形を試みている人もいるかもしれません。さまざまな表現には、
作成者の個性が反映されているはずです。

コラージュ技法・療法の効果
①　造形において、ハサミを使う、糊で細かなパーツを貼るなど、
　手先の器用さを育む。
②　自分の好きなものを選ぶことで自己主張や自我の発達に役立つ。
③　〇〇をつくろう！と計画性のある作成が、計画力を育む。
④　アートという非言語的な方法で、不安をやわらげ、心理的安定
　を図る。描画に抵抗のある者にも導入しやすい。
⑤　コミュニケーションが困難な者にも適用できる。
⑥　汎用性が広く、さまざまな用途に合わせて導入できる。
⑦　完成させることで、達成感、カタルシスを得られる。
⑧　言語化が難しい内面の心理状態を写真切片をとおして表現させ
　ることができる。

　たとえば、数多く貼られた自転車の切片には、自転車が欲しいというあなた自身の欲求が示されているとも考えられます。それ以外にも、自転車関係のアルバイトや、自転車通学をしていること、さらには、どこかに行きたい、出かけたい、好きな人の趣味がサイクリングである……など自転車からイメージするものに

ついて思いを巡らせてみましょう。その切片からなんらかの発見があるかもしれません。風景も乗り
物もなく人ばかりが貼られている作品には、常に「人からどう見られているか」を気にしていること
の投影、あるいは、あなた自身の多様な表情や姿があらわれているとも推測できます。食べ物だけの
切片でできた作品は、空腹だ、食いしん坊だから、ダイエットのために食事の制限がされているから
など、作成した人の現時点での問題が示されている可能性もあります。自分が意識をしたことがない
何かが作品を通して表現されている可能性に思いをめぐらせながら、作品を味わってみましょう。1
枚の写真やイラストの切片の組み合わせによるコラージュですが、無意識からのメッセージがひそん
でいるはずです。

5. ま と め

　先のバウムテストは「木は自分自身をあらわす」という象徴学的仮説から、つまり木に自分自身が投影されるという研究上の成果から「木」という素材が選択されています。仮にコラージュに花の切片が貼られていたら、花の種類に目を向けてみましょう。花言葉は象徴的な意味を持たせるため植物に与えられる言葉ですが、赤いバラの花言葉は、「愛情」です。白いバラは「純潔」を示します。さらに、象徴学的には花は成功や完成を示します。たとえばユングは、空を男性性や意識、海を女性性や無意識というように象徴学の研究を行いました。

　このように、イメージは多様な意味やさまざまな思いを含むものでもあります。コラージュは、精神分析者の1人でもあるユングが重視する、「夢」に似ていると言われます（中井, 1993）。心の奥で起こっているさまざまな葛藤は、夢にあらわれることが多く、このために心理療法でも夢が活用されているのです。さらに、夢や描画、箱庭などを通して、無意識のイメージが作成者に直接語りかけ、意識的態度に変容をうながすとし、それらはイメージの持つ治癒力として説明されています（横山, 1991）。つまり、コラージュの作成作業は、夢にも似た、無意識の表現方法でもあります。コラージュ作品にはたくさんのイメージが切片として、多様な工夫で貼られていることでしょう。なぜ、その切片は選択され、そのような形に切り抜かれ、画用紙のその場所に貼られたのでしょうか。貼ってみたものの、自分が見たくないと感じている部分は重ね貼りで隠されているかもしれません。コラージュ作品が自分の無意識からのメッセージでもあること、あなたの心の分身でもあることを知ってください。

（青木　智子）

ふりかえりシート

① サブタイトルをつけるとすると、どんなタイトルになりますか？

② 作品制作で苦労した点について教えてください。

③ 作品のなかにあなた自身、または自分に近いものがあるとすると、それはどの切り抜きですか？

④ その理由も教えてください。

⑤ 作品のなかで好きな切り抜き、嫌いな切り抜きはどれですか？　その理由も教えてください。

⑥ コラージュを作るなかで、自分について何か気づいたことがあれば教えてください。

　私たちは、社会集団のなかで、自分の気持ちを家族や仲間、上司や先生などに伝え、他者の気持ちを理解しながら人間関係を深めている。そのとき、どのような工夫をすれば、自分の気持ちを的確かつ正確に伝え、他者に理解してもらえるのだろうか。また、話をどのように進行すれば、相手の気持ちや行動を自分の考える方向に向けることができるのだろうか？

　説得的コミュニケーションとは、相手や受け手の態度を特定の方向へ変化させることを目的として、行われる活動を示す心理学用語である。学食でカレーを食べるつもりが「ここの肉うどんはおいしいよ。食べてみなよ」と友人が声をかけてきた。そこで肉うどんを食べることにした……これは、友だちの一言が自身の行動選択の変更をもたらした、すなわち自分の態度が変わったことを示している（**態度変容**）。このように、説得的コミュニケーションの研究は、ホブランド（1979）以来、進化を遂げてきた。ここでは、誰が（送り手）、何を（メッセージ）、どんな方法で（チャンネル）誰に（受け手）という4要素が重要とされる（図⑩-1）。

　〈送り手側の要因〉

　①**説得者の信憑性**：同じメッセージであっても、誰が言うのかで影響力は異なる。心身について高い意識を持つ養護教諭や、医師などの専門家に子どもの喫煙とその弊害を説明してもらうと、説得の効果が高く、喫煙への態度変容が促されやすい。たとえば、日常生活でTVの歯磨き粉や歯ブラシのCMに歯科医が多く登場するのも、この効果を狙ったものである。これは、私たちが相手の属性から影響を受けてしまいがちであることを示している。

　②**一面的メッセージ・両面的メッセージ**：「たばこは体に悪いからやめなさい！」というように、相手を説得する場合に態度を変えたときのメリットのみ伝えることを**一面的メッセージ**という。一方で、「たばこはストレスの解消にいいらしいし、大人に見えてカッコいいという人もいるが、肺や他の病気の引き金になることが多いそうだよ」と伝える方法を**両面的メッセージ**という。ここでは、相手を説得するときに、態度を変えた場合に生じると予想されるメリットとデメリットが同時に伝えられる。

　受け手がその内容について好意的である、あるいはすでに受け手が送り手と同じ考えを持っている場合、一面的メッセージが効果的である。また、受け手の教育程度が低い場合には、内容の複雑な両面的メッセージに慣れていないため、一面的メッセージがより効果的である。逆に受け手の教育程度が高い場合は、判断能力に自信があるため、両面的メッセージの方が有効とされている。

　〈受け手側の要因〉

　①**恐怖喚起アピール**：運転免許取得時など、安全運転教育の一環で、飲酒運転事故などの凄惨な映像を見せられることがある。目を覆いたくなるような事故現場の画像にくわえて、本人だけでなく、残された家族のその後の痛ましい生活ぶりなどがそえられていることもある。このように恐怖メッセージを与えることで、受け手の恐怖感情や危険認識を高め、特定の態度や行動を取るように説得する方法を**恐怖喚起アピール**と言う。

　しかし、喚起される恐怖の度合いが強すぎると、説得者に対する反発やそのメッセージ自体に対する拒絶などから、説得の効果が減じてしまうことも確かめられている。一般的に恐怖を喚起してから恐怖の原因を回避できる行動を取るように説得すると、恐怖を喚起しない場合よりも説得効果が高いとされる（レーベンサール,1979）

　②**心理的リアクタンス**：一方、多様なアプローチで説得されても、受け手が態度を変えない場合もある。それでも無謀な運転をしたりする抵抗、反抗などを**心理的リアクタンス**という。人は自分の意見や態度を自由に決定したいという動機を持っており、これが脅かされたとき自由の回復をすべく動機づけられている。人が説得を受け、態度を変えるよう圧力をかけられると、それがたとえプラスになる提案であっても、受け手は態度変容の自由が侵されたと感じ、提示された態度を取らないことで自由を回復しようとするのである。

〈要 請 技 法〉
①**段階的要請法**：最初に承諾の得られやすい小さな要求をして受け入れさせ、その後、承諾された小さな要請と関連づけながら、段階的により大きな要請を積み重ねて、最終的に目標とする本来の要請を受け入れさせる方法である。

たとえば、路上のキャッチセールスなどで、「話を聞いてくれるだけでかまいませんから」という小さな要請を相手に受け入れさせた後で、高い商品を買うように要請するなど方法があげられる。

②**譲歩的要請法**：最初に必ず断られそうな大きな要請を行い、相手に拒絶させたうえで、その後あたかも譲歩したかのように拒絶された大きな要請を取り下げて、本来の要請を行うものである。

たとえば、クラブなどで次期副部長をやってもらいたい人に要請を断られそうな場合、最初に部長をお願いし、断られたら「残念だけど、仕方ないな……なら副部長をやってもらえる？」と譲歩したように見せかけて要請し、承諾してもらうなどのケースが考えられる。要請された側は、要請してきた人が本命の要請を取り下げて、譲歩してくれたと考えるためであり、その譲歩のお返しとして、2つ目の要請を受け入れるとされる。

③**承諾先取り要請法**：最初に相手が受け入れやすい条件を示して要請に応じてしまったあとで、要請内容の条件を厳しくする方法である。たとえば、お買い得だというツアー旅行の契約をした後で、実は食事がついていないことを知らされて、食事をつけると他のツアーと価格的に差がないことがわかっても、一度承諾してしまうと結果として価格が高くなっても拒否しづらいものである。魅力的な条件がなくなった途端に、手のひらを返したように断るのが恥ずかしいため、条件が厳しくなっても応諾しつづけてしまうと考えられている。

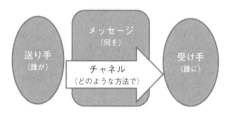

図⑩-1　対人コミュニケーションの4要素

（青木　智子）

より良いコミュニケーションのために 11
～自己理解を深める②～

> 前章ではコラージュを作成し、イメージについて思いを巡らせてもらいました。この章では、コラージュを用いて、自分を知るだけでなく他者とのコミュニケーションを通して、自己理解をさらに深めます。

■ 1. ユングの分析心理学の立場から ■

　ユング (Jung, C. G.)（分析心理学）は、精神科医として勤務する病院で統合失調症の患者が「太陽の下にペニスがあり、それが左右に揺れると風が起こる」という妄想を語ったことに関心を持ちました。それは、キリスト教の基となったとされるミトラ教の教えと同じ内容だったからです。その後、ユングは神話やおとぎ話のモチーフやイメージに類似したものが多いことに関心を寄せ、神話などを参考に象徴学の研究をすすめました。これを機にユングはフロイトの考えた無意識を個人的無意識とよび、人類に共通の財産のような無意識、すなわち**普遍的無意識**の着想を得ます。

　フロイトの指摘する実現されなかった願望や欲求に渦巻く無意識の部分を個人的無意識とし、国を超え、民族を超え、人種を超え、そして歴史を超えて、人類の無意識の深層に共通して存在するものを普遍的無意識として考えたのです。たとえば、母親には包容力、やさしさ、家族やまわりをしっかり守っているポジティブなイメージがあります。一方で、昔話やグリム童話などのおとぎ話には娘をいじめる継母が登場しますが、これは、いわゆる母親のネガティブなイメージを示すもので、それらを婉曲して伝えるために継母を登場させた、とユングは説明します。ユングはこの両面価値的な母親像をグレートマザー（元型）とよびました。元型には他にも、おとぎ話の主人公が困り果てた場面で、なんらかの知恵を与えてくれる「老賢者」や、女性性を示す「アニマ」、男性性を示す「アニムス」などがあります。

　ユングは、シンデレラのようなおとぎ話のモチーフは世界各国にあり、これらがひとつの場所から各地に伝えられ広まった（伝播）と考えるより、同時発生的に人々が着想したと考える方が自然だとする視点からも普遍的無意識の存在を主張しました。このようにフロイトの精神分析だけでなく、ユングの理論など心理療法の訓練を受けた者が投影法などの手段を用いて、クライエントの理解に努めているのです。

　次にイメージの多様さを、自分の作品を言語化し、さらに他者とのフィードバックを実施することで確かめてみましょう。最初にエクササイズ①を通して、コミュニケーションの基本を復習します。

2. 効果的な質問

　傾聴と受容、会話を続けるための工夫として、相手が「はい」「いいえ」で答えられるような質問だけでなく、発言を促せるような開かれた質問（オープンクエスチョン）を復習します。オープンクエスチョンとは、「はい、いいえ」などの回答範囲を設けずに、相手が自由に返答できる質問を言います。

　　例）問：高校時代の部活はなに？
　　　　答：テニス部だった。
　　例）問：高校時代の部活ではどんなことをしていたの？
　　　　答：テニス部だったんだけど、部長もしててそっちの方が大変だったよ。

　質問に what（何）why（なぜ）how（どうやって）を加えると、さらに会話の内容を深めることができます。簡単なウォーミングアップとして、エクササイズ①に挑戦してください。

　　　〔ミニ・エクササイズ①じゃんけんインタビュー〕
①２人１組になってください。
②じゃんけんをします。勝った方が質問をしてください。負けた人はその質問に答えてもらいます。
③もし、質問の内容が答えたくないものだったら、「パス」と言って終わりにします。
④負けた人が質問に答え終わったら、勝った人はその答えを受けて、さらに質問をします。可能な限り、答えについて会話が広がるような質問をします。
⑤終了した、ひとくぎりついたら、また①から繰り返してください。

〈例〉
④〜　負けた人が質問に答え終わったら、勝った人はその答えを受けて、さらに質問をします。可能な限り、答えについて会話が広がるような質問をします。
　　例）質問：「好きな食べ物はなんですか？」　答え：「甘いものです」
　　　　質問２：「具体的（たとえば）にどんな甘いものが好きですか？」　答え：「ケーキやチョコレートです。和菓子はあまり食べません」

〈応用編〉
　終了したら、６人１組になって、先のじゃんけんインタビューのパートナーについて「他己紹介」をしてください。持ち時間は１分です。

　次に４名程度のグループで、A4用紙10枚を使用してペーパータワーを作ってもらいます。傾聴と受容を意識しつつ、他者とのコミュニケーションを深める試みです。

〔ミニ・エクササイズ②ペーパータワー〕

①4名程度のグループになります。

②1名に1枚のA4用紙を配布し、「同じA4用紙が10枚あったとして、ハサミやのりを使わずに、できるだけ高いタワーを作るとしたら、どのような方法があるか？」を各自で3分間考えてもらいます。紙を折ったり、手でちぎってもかまいません。

③②で使用した紙をかばんなどにしまいます。グループにはA4用紙10枚を配布しますので、5分間紙に触れながら作戦会議を行ってください。作成は合図の後で行います。

④では、10枚の紙で5分間タワーを作成してみましょう。合図と同時に終了です。最も高いタワーを作れたチームにはどのような工夫が見られましたか？

　ここでは会話にプラスして、仲間と共同作業をしてもらいました。終了時間が迫ると、他者に命令調で指示したり、意見を受け入れない人、意図を説明せずに黙々と作成する人など、さまざまな状況が観察できたのではないでしょうか？　高いタワーの作成も大切ですが、言葉と行動から改めて他者とのやりとりや協働について考えてみましょう。

■ ◦ 3. 自己理解・他者理解 ◦ ■

　ミニ・エクササイズ①で練習したことを意識した上で、作成した自分のコラージュ作品について語る体験をするのが、ミニ・エクササイズ③です。コラージュ技法・療法は、作成するだけでも「楽しみながら童心にかえることができる（＝心理的退行）」、「達成感が得られる」「自分自身の問題に自ら気づくことができる」、「自己治癒力を高める」「ストレスの発散」など心理療法としての効果があるとされています。

　この機会を活用して、仲間の作品やその説明に耳を傾ける、いわば発表会を行いたいと思います。「学校」という同じテーマで作成しながら、画用紙の使い方や切片の内容、切り方などに全く異なる表現が見られる、説明で用いられる言葉づかいなど、他者の意外な一面を知ることができるかもしれません。さらに、自分の作品について話しているうちに、自分の思いや感じていたことに改めて気づき、考えていたことの整理も期待できます。

　同時に意識してもらいたいのは、作品についてなにをどう説明するのがわかりやすいのかを工夫することです。つまり、自分について、作品についてのプレゼンテーションの練習ともいえるでしょう。後日、作品をあらためてパワーポイントなどにまとめて、発表することでも楽しい時間を共有できるかもしれません。

〔ミニ・エクササイズ③グループセッション〕

第10章、ミニエクササイズ③で作成したコラージュをグループのメンバー（4〜5人）に発表してもらいます。

グループでじゃんけんをし、勝ち残った人が1番はじめに自分の作品について話をしてください。右回り左回りを決め、2番目に発表する人がタイムキーパーになります。1人3分の持ち時間を砂時計や秒針のある時計、タイマーを用いて正確に計ってください。

〈注意事項〉

①発表者は、自分の作品について話しますが、早めに終了したら、他のメンバーに質問や感想を述べてもらいます。

②タイムキーパーは順送りで行います。

③質問されても話したくないことは話さなくてかまいません。「パス」と伝えて下さい。伝えたいと思うものだけ話します。

④感想は良いところのみを指摘し、否定的なことを言わないようにします。表現されたものの「なるほど」「きれいだ」など、良い点に目を向ける訓練です。一生懸命作成した他者の作品や説明に尊敬の念を示しましょう。

すべて終了したら、〈ふりかえりシート〉を完成させてください。

ふりかえりシート

グループのメンバーの発表を聴いて感じたことを教えてください。

①自分の作品について

②他者の作品について

③メンバーそれぞれの発表の方法や説明の仕方について

④その他、前回・今回の授業を通しての感想を書いてください。

4. さらなる自己理解・他者理解のために：応用編

　クラスのような集団のなかで、各自が作品を制作する方法を集団個人法とよびます。今回、試みるポスターコラージュは、ポスター1枚を用いてグループで作品をつくってもらう（集団集団法：集団のなかでさらに小さな集団に分かれて制作する方法）ものです。グループで1つの作品を作成するため、他者の意見を聴いたり、自分のイメージを言葉で的確にメンバーに伝える必要があります。また、誰がどのような作業をするかという役割分担も求められます。グループのなかには、「誰かがやってくれるだろう」と作業にかかわらない者や、手を抜くメンバーが出てくるかもしれません（＝責任分散）。さらには、他の人の様子を真似て作業する者や、リーダーシップを発揮しながらメンバーに影響を及ぼす者もいるはずです。ポスターコラージュ作成のためには、コミュニケーションや一人ひとりの役割認識が重要になります。

　メンバーがどのような態度や言動を示しながら、グループ内で役割を果たしているのかじっくりと観察してみるのもいいでしょう。逆に作品そのものだけに目を向けて、レクリエーションとして作成を楽しみ、メンバーとのイメージの差や、他のグループとの表現の違いを味わうのもいいかもしれません。

　あらかじめ作品の「テーマ」を決めて（先生に与えてもらう・グループで決定する）、作成するのも表現や受け止め方の違いを味わえる取り組みです。たとえば、「私たちの街」などをテーマに地域自治体等で配布されている地図を台紙に、私たちの暮らす街マップを作成したり、「仕事」をテーマに職場見学や体験で知ったことについて表現することもできます。「健康」や「食事」をテーマに健康教育や食育について各自が考えをもつ契機にするのもいいかもしれません。学校の文化祭で何をするかをテーマにブレーンストーミングとしてコラージュを作成することも可能です。大好きなヒット曲や音楽の授業で学んだ曲をテーマに、そのイメージをコラージュで表現するなども楽しい試みです。

〔ミニ・エクササイズ④ポスターコラージュ〕

①準備するのは、ポスター、糊、ハサミ、雑誌やチラシ、新聞やフリーペーパーです。

②4人～6人でグループになり、「友だち」「学校」など、教員によって示されたテーマで、グループで1枚のポスターコラージュを作成してもらいます。

③雑誌から切片を切る人、どこに貼るか位置を決める人、糊付けする人などと役割を決めてもかまいませんし、皆で一斉にスタートするなど作成のプロセスは各グループに任せます。

④完成した作品を眺めて、貼られた写真について思いを巡らせながら、みんなで話し合って、グループ作品にサブタイトルをつけてみましょう。

⑤完成した作品をグループごとに発表する3分間のシェアリングを行います。そのときに、

　・どのような役割分担でコラージュを完成させたのか

　・作品についての説明

　・グループでの作成で難しかったこと

　・グループでの作成で気づいたこと、などを発表してください。

メッセージコラージュは、自分の心のなかにある思いをイメージで他者に伝えて、それについて励ましてもらったり、気づきを促してもらうなど、言葉かけのようなやりとり、コミュニケーションを図る試みです。たとえば、雑誌にある素敵な椅子に目を惹かれて、それを切り取り貼り付けたとしましょう。ペアの友人に手渡したメッセージコラージュでは、たった1枚の椅子の写真の傍らに、シンプルでありながら、味のある椅子が貼られるかもしれません。このメッセージコラージュを受け取ったあなたは、何を感じるでしょうか？　誰かが自分に寄り添ってくれているとか、自分は1人でないと感じたり、逆に1人でいたいと思うかもしれません。ペアの友人の貼り付けた切片を基に、自分の心の声に耳を傾けてみてください。さらに繰り返し、切片を用いたやりとりを継続することで、なぜ自分がこの写真を選択し、ペアの友人がこの写真を貼りつけたのか？　その意図を探ってみてください。

〔ミニ・エクササイズ⑤メッセージ・コラージュ〕
①準備するのは、B5大の紙（台紙）、糊、ハサミ、雑誌やチラシ、新聞やフリーペーパーです。
②今の気分を表現しているなと思う写真やイラストを切り抜いて（＝切片）、台紙に貼り付けてください。ただし、台紙は半分程度のスペースを白紙のまま残してください。
③完成した作品を眺めて、貼られた写真について思いを巡らせてください。
④2人1組になって、完成した作品を用いながら、今の自分の気持ちについて説明してください。終了したら役割を交代して、相手の作品についての説明を聞いてください。
⑤その後、相手の話を受けて、相手の気持ちに応じられるような（例として、応援する、メッセージを送る、支持するなど）切片を台紙の空いているスペースに貼り付けて、作品を完成させます。
⑥完成したら、再び、同じ相手と作品について語り、相手への気持ちを伝えてください。

5. ま と め

　私たちは日頃、言葉をとおして他者の意見や思いを推測し、感じながら生活しています。しかしながら、それを表現するボキャブラリーには限界があったり、うまく表現できないことも少なくありません。もしかしたら、雑誌等からの写真切片を頼りに、自分が言葉にできない思いを表現できるかもしれません。また、思ってもみないようなことが切片を通してあらわれることもあります。
　これまで試したことのない方法で、自分の内面やイメージを探索するとともに、他者の知らない一面や言動などをコラージュを通して体験してみましょう。

（青木　智子）

〈心の病とは〉

「心が健康」とはどのような状態を指すのだろうか。ただ「精神障害がない」というだけではないだろう。環境や社会にほどよく適応し、安定的で柔軟性を持ち、現実を正しく認識しながら検討する力がある状態。自分らしく人生を生き、かつ他者や社会の幸せにも貢献できるような状態。つまり「幸せと感じながら生きている」状態を指すと言えるのではないか。

幸せを実感しながら生きることが難しく、カウンセリングにやってくる人は多い。うつ病や精神障害など、いわゆる「診断名」を持って尋ねてくる人もいるが、そうでない人もたくさんいる。たとえば家族の問題、職場での人間関係、発達障害もしくは発達障害ではないかという状況で対人関係がうまくいかない、人生の岐路に立たされている人などなど……。

新型コロナウィルスの感染拡大以降は、夫婦や家族関係の問題を訴える人も増えたように感じる。「得体が知れないウィルスにどう対応するのか」をめぐり、価値観や考え方の違いが明確になった夫婦。家に居ることが増え、今まではなんとなくごまかせていた家族間のトラブルが浮き彫りになった家族。離婚や別居によって、離れて暮らすことになった親（別居親）と子どもが関係性を維持するための面会交流をめぐる相談も増えている。

このようにカウンセリングの対象は実に幅広く、病院と症状が鶏と卵のような状態であり、何が「健康」で何が「病」なのかを明確に分けることも難しい。

たとえば、夫からのDVがあって離婚することになった家族があったとしよう。そうした家族では、被害者である妻が抑うつ的になったり、暴力のはざまに置かれた子どもが攻撃的になったりすることがよくある。しかし、それはDVという"異常事態"への"正常な反応"である。そこで本稿では、こうした環境要因や背景はひとまず横に置き、典型的な精神障害を中心に述べたい。

〈精神障害の診断〉

かつて精神障害は、①脳に先天的な弱さがあるところに環境の要因が生じて発症する内因性、②事故や体の病気など、外的な要因によって発症する外因性、③強いストレスや悩みから生じる心の葛藤といった心的な要因によって発症する心因性に分けられると考えられてきた。

しかし、先ほども述べたように現実は複雑である。実際にはその人がもともと持っている生物学的なもの、その人を取り巻く環境など社会的なもの、それらによって生じる葛藤などの心理的なものが複雑に絡みあっている。同じうつ病という精神障害であっても、ストレスがきっかけの場合もあれば、体の病気と関係していることもある。

そこで現在は、特徴となる症状と持続期間、それによる生活上の支障がどの程度あるかを中心に診断名をつける方向に変わってきた。日本でよく使われている診断基準には、アメリカ精神医学会（APA）が作成した『DSM』と世界保健機関（WHO）による『ICD（国際疾病分類）』があり、病名をつけるうえでは原因は問わない流れができてきている。

〈精神障害の種類〉

精神障害は①統合失調症、②気分障害、③器質性精神障害、④てんかん、⑤知的障害、⑥発達障害の６つに分けられる。ここでは、二大精神障害とされる①統合失調症と②気分障害について述べる。

①統合失調症

思考や行動、感情を１つにまとめていく能力が低下し、幻覚や妄想などがあらわれる。主な症状には以下のようなものがある。

（a）幻聴：そこにいない人の声が聞こえる。多くの場合、自分の悪口や噂。

（b）妄想：存在しないものが見えたり、匂ったりする。

(c)　作為体験：誰かに体や思考を操られているような感じがする。

(d)　思考伝搬：自分の考えが周囲に漏れてしまっているような感じがする。

(e)　被害妄想：周囲の人に悪く思われていると信じ込み、「命を狙われている」など脅かされる感じがする。

(f)　感情の平板化：楽しいと感じられない。

(g)　意欲低下：何もやる気がしない。

(h)　ひきこもり：人のいるところへ出たくない。

　上記のうち、特に幻聴が特徴的で、幻聴と会話することも少なくない。また、急性期には陽性症状とよばれる (a) ～ (e) の症状がよく見られ、慢性期には (f) ～ (h) の陰性症状が顕著になる。

　治療は薬物療法が中心だが、家族や友人、職場などの環境調整も大切である。ハードな仕事で心身ともに疲れたり、人間関係でトラブルが生じたり、なんらかの不安要因が大きくなったりすると症状が悪化することがある。

　ところで、昨今、フィンランドで採用されているオープンダイアローグ（開かれた対話）という新しい治療法が注目されている。患者の家族やかかわってきた治療者などが集まり、患者と全く対等に、患者の妄想を否定せず、真剣に耳を傾け、さまざまな角度から検討し、理解しようとし、患者本人抜きでは何も決めない。急性期の患者に対して用いられ、薬に頼らず会話によって治す方法で、従来の治療法とは異なる。

　②気 分 障 害

　うつ病や躁うつ病（双極性障害）という感情の障害を基盤とする。うつ病になるとは、落ち込んで悲しかったり、不安であったりなどのゆううつな気分が長く続く状態である。生きる意欲が湧かず、眠れない、食欲がない、無気力などの抑うつ症状が見られ、死にたい気持ちが強まる。

　一方、躁うつ病（双極性障害）は、上記に述べた抑うつ症状を示す時期と、それとは対照的な気分が著しく高揚した時期が出現する。高揚期には、陽気で開放的になり、興奮したり怒りっぽくなる。また、自信に満ちあふれて他人の意見に耳を貸さず、多弁になり、睡眠時間が短くても平気で、自制がきかなくなったりする（躁状態）。そのため、ギャンブルに興じたり、買い物で大金を使うなどの問題を起こすことがある。抑うつ的な時期と躁状態の時期が混合して生じることもあれば、数ヵ月から数十年の周期であらわれることもあり、躁状態が顕著にあらわれる双極Ⅰ型と、軽い躁状態が現れる双極Ⅱ型がある。

　うつ病も躁うつ病（双極性障害）も投薬治療が有効とされるが、社会的葛藤を取り除くことや心理療法も重要である。

　〈新型うつ病〉

　近年、「仕事に行こうとすると行けない」など特定の状況にのみ、抑うつ症状が生じる新型うつ病が話題になっているが、これは正式な病名ではない。几帳面で真面目な人に多く、落ち込み、自分を責め、自殺に至る傾向が強いといった従来のうつ病とは違い、自分を責めず他罰的で、身近な人間や社会に対して攻撃的な態度を取り、休んで迷惑をかけても気にしないなどの傾向が見られる。

（木附　千晶）

E xercise

より良いコミュニケーションのために 12

～他者理解を深める～

> 私たちはみな、ある家族の下に生まれ、その家族に生まれたからこそ経験する"その人だけ"の体験や記憶を積み重ねて生きています。それぞれの家族には、世代を超えて受け継がれてきた個別のルールがあり、その家族が抱えてきた事情や秘密、歴史があります。また、それぞれの家族には、「几帳面で他者に対して過干渉」であるとか、「ルーズで放任的」などのカラーがあり、その家族独特の考え方を持っていたりします。こうした家族の特徴や営みは、子育てや生活習慣を通して次世代へと連綿と伝えられ、その家族の下に生まれた"その人だけ"のものの捉え方、感じ方、行動様式などをつくっていきます。家族がその家族メンバーに与える影響は思いの外大きく、知らず知らずのうちにその人の価値観や信念をつくっています。また、幼少期から家族（親）との間にできあがった対人関係パターンは成長した後も引き継がれ、どういう人を「好ましい」と思い、どんな人を「遠ざけたい」と思うのかや、他者との距離感の取り方などに影響を与えることが多々あります。この章では、心理学の家族療法で使われてきた**ジェノグラム**を使って、人が家族から受け取ってきたものをひも解くことで、他者を理解する方法を学びます。

1. ジェノグラムとは

　ジェノグラムとは家族の全体像を捉えるため、家族構成や家族の人間関係、家族メンバーの特徴などを記号を使って一つの図に示した家系図のことです。3世代以上の家族の人間関係を図にすることで、家族の構造や家族イベント、しがらみや行動パターン、特徴などを視覚的に理解することができ、家族や、その家族のなかで起きている問題の見立て、アセスメントにも使うことができます。

　もともとは心理療法の一つである家族療法のツールとして使われるようになったものですが、現在は心理学の領域だけでなく、精神医療や福祉、保育、教育など、対人援助や他者理解を必要とする幅広い領域で活用されています。

2. ジェノグラムを書く

（1）家族メンバーを図式化する

　男性は□、女性は○で表し、当事者が男性の場合は二重□、女性なら◎とします。それぞれの記号のなかには年齢を書きます。

　夫婦関係を表すときは、夫は左側、妻は右側に書き、夫と妻を横線でつなぎます。この線は、同居

（内縁）の夫婦の場合は点線になります。子どもは夫婦の下に、出生順に左から書きますので、右にいくほど年少になります。

　ただ、離婚結婚を繰り返している場合や養子縁組やステップファミリーなど、基本どおりに書こうとすると図が見にくくなることがあります。また、事実婚であったり、内縁とまではよべない同棲カップルなど、家族の事情はさまざまですので、その家族の状況に応じて「見やすく」「わかりやすく」書くための工夫も大切です。

　夫婦の上には、夫と妻それぞれが生まれ育った家族（原家族）を記入していきます。夫と妻の両親、兄弟姉妹とその家族などが入ります。当事者から見て3世代以上さかのぼって記入するようにしましょう。最後に現在同居している家族同士を線で囲み、それぞれが住んでいる地域も記します。

(2) 家族メンバーの特徴を記入する

　次にそれぞれの家族メンバーの記号の横に、それぞれの特徴を記入していきます。たとえば学歴、職業、病歴（疾病）、性格などです。それ以外にも、「これはこの人を知るために重要」と思うことは書き入れていきましょう。ただ、図式化のとき同様、「見やすく」「わかりやすく」しないと、視覚的に理解することが難しくなりますので、あまり煩雑にならないようにしましょう。

(3) 関係線を記入する

　最後に、家族同士の関係を線で記入していきます。「密着した関係」「疎遠な関係」「敵対（仲が悪い）関係」などさまざまあります。以下の例を参考にしてください（図12-1）。この関係線については、ジ

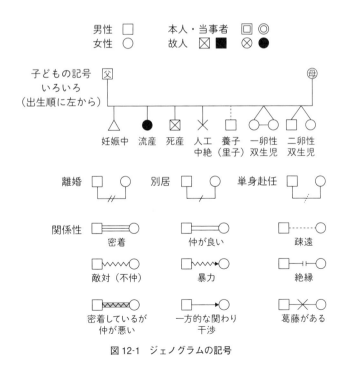

図12-1　ジェノグラムの記号

ェノグラム作成者の主観が大きく反映しやすいうえ、詳細に書き込むと図が見にくくなりますので、必要に応じて記入するようにしましょう。

〔ミニ・エクササイズ①自分のジェノグラムを書く〕
書き方や記号一覧（図12-1）を参考に、自分のジェノグラムを書いてみましょう。

■ *3.* ジェノグラムを読み解く ■

ジェノグラムが完成したら、今度は読み解く作業に入ります。そのときに気をつけたいポイントをいくつか挙げておきましょう。

（1）家族を「システム」として見る

何か良くない出来事が起こると、犯人探しをしてしまうことがあります。また、アルコールの問題を抱えていたり、必要以上に几帳面である人がいたりすると、「この症状を抱えた人こそが問題だ」と、ある家族メンバーだけに責任を押しつけ、「この人さえ治れば問題は解決する」と考えてしまうことがあります。

しかし、家族を「家族メンバー同士の相互関係で成り立っている生きたシステム」と考える家族療法ではそのような見方はしません。あらゆる問題は「個人にある」のではなく、「家族間の相互関係にある」と考えます。

たとえば、「引きこもって家族との接触を避ける息子」の原因は、過干渉な母親であることも考えられますし、期待が大きすぎる父親のこともあります。母親が過干渉である背景には、夫婦の不仲があるかもしれませんし、不仲の原因をつくったのは舅の介護をめぐっての嫁姑の争いだったのかもしれません。そのように考えると、「引きこもって家族との接触を避ける息子」という問題は、「果たして息子個人の問題と考えてよいのか？」という疑問が生じるでしょう。

どの視点、どの立場から見るかによって、問題の捉え方は変わってきます。犯人探しではなく、家族の関係性や相互作用に注目し、「この家族になにが起こっているのか」をひも解くことが重要です。

（2）家族には発達段階（ライフサイクル）があることを知る

子どもに発達段階があるように、家族にも以下のような発達段階があります。
①原家族から独立する時代
②新婚時代
③幼い子どもがいる時代
④思春期、青年期の子どもがいる時代
⑤子どもが独立し、夫婦が中年期に入る時代
⑥人生の後半から死への準備をする時代

それぞれの段階には特有の危機や問題があり、前にすすむために必要とする変化があります。また、ときが経てば経済状況や心身の状態、人間関係等も変わっていかざるを得ません。これらに家族メンバーがそれぞれどのような役割で、何にどう取り組み、何をして、何をしていないのかなどを考えていきます。

　そんなふうに見ていくことで、たとえば「長男が定職に就こうとしない」原因は「不在がちな夫が、夫の役割を果たさないため、その代わりを長男が務めてきたことから母子密着が起きている」など、この家族が抱えている問題に仮説を与えることができます。この仮説に従えば、長男をハローワークに通わせるよりも、夫婦がきちんと向き合えるよう援助することの方が、問題の解決を早めてくれるかもしれません。

(3) 世代を超えて引き継がれているパターンやメッセージを見つける

　ジェノグラムを見ていくと、たとえば生活が貧しいのに子どもを全員、大学まで行かせていることから「高い学歴を身につけることが大事」であるという価値観がわかったり、何事も実家の母親優先で、実家の母への援助を惜しまない夫の特徴から「親孝行はすべきもの」というメッセージが読み取れることなどがあります。そしてその価値観やメッセージは、その上の世代や兄弟姉妹の間はもちろん、全く別の家族であるはずの夫の配偶者 (妻) の家族にも見て取れることがあります。

　また、家族メンバーのなかにアルコール依存症と思われる人物や、摂食障害と思われる人物が発見され「ストレスや寂しさをお酒や食べ物という代用物で紛らわそうとする」行動パターンが受け継がれていることが見えることなどもあります。

　もちろん、正反対の現象が起こることもあります。たとえば公務員一家のなかにフリーランスの仕事をする者がいたり、アルコール依存症の祖父と父を持つ息子が、「お酒は一滴も飲まない」と誓っていたりするなど、その家族が持っている文化や特徴から逸脱しているように見える人物がいることもあるのです。しかし多くの場合、こうした人物は他の家族メンバーを反面教師として育っています。つまり一滴もお酒を飲まない息子も、アルコール依存症の祖父や父の影響を受けた人生を歩んでいることになります。

〔ミニ・エクササイズ②自分のジェノグラムを読み解く〕

　上記のポイントに気をつけながら、自分のジェノグラムを読み解いてみましょう。もし、安全な場所があり、「今、ここで話しても大丈夫」と思えるのであれば、読み解いて気づいたこと、感じたことなどをシェアしてみましょう。言語化して誰かに伝えることで、より発見するものが増え、気づきが深まることがあります。

■ *4.* ジェノグラムを他者理解に使ってみよう ■

　対人援助職や医療職に就いている人や目指している人は、今まで学んできたジェノグラム作成、そ

して解読の知識を患者さんや利用者さんを理解することに応用してみましょう。

　幅広い領域でジェノグラムが使われていることは述べましたが、それはジェノグラムがその人（援助対象者）を理解するために有効なツールだからです。ジェノグラムを作成、解読することで、その人が置かれた環境や家族背景、その人独特の価値観や考え方、抱えている問題やリソースをより深く知ることができます。その人をよく理解することができれば、「どのような援助プランをつくるべきか」や「どんなふうに接することが望ましいか」など、今後、その人の支援や治療を行いやすくなります。

　また、対人援助の専門家でないみなさんも、ジェノグラムを書くことで、社会には一緒に生活する家族や離れて暮らす家族、離婚家庭や事実婚家庭、LGBTQ のカップルなど、多種多様な家族形態があることを改めて実感できるはずです。それは、自分自身の家族や自己理解を深める上でも役立つでしょう。

〔ミニ・エクササイズ③例文からジェノグラムを作成する〕
　以下の事例にある北樹Ａ子（59・仮名）さんの相談にのるつもりで北樹家のジェノグラムを作成してみましょう。

　北樹Ａ子さんは看護師。職を転々とする夫（60）、高校中退後引きこもっている次男（30）と東京の下町で暮らしている。ここのところ次男の暴力はエスカレートする一方で、毎晩のように物を壊したり、「自分がこんなふうになったのは親のせいだ！　人生を返せ！」とどなりちらすようになり、最近は包丁を振り回すようになった。心身共に疲れ果てたＡ子さんは地域保健センターに相談する決意をした。

　Ａ子さんは１人黙々と働いて家を支えてきた人で「家庭内のことを他人に話すのは勇気がいった」と涙ながらに語った。女性関係が派手で、飲み歩いてばかりの夫は「おまえ（Ａ子さん）の育て方が悪いから次男がこんなふうになった」と言うだけ。夫は怒ると物を投げたり、暴言を吐くため、Ａ子さんはそれ以上は言えなかった。長男（32）は介護福祉士で、結婚して家を出ており、隣町に住んでいるが、実家には近寄らない。

　Ａ子さんは青森県の貧しい漁師の家に３人兄弟の長女として生まれ、小さなころから弟たちの面倒をみて育った。両親（ともに85）のつましい生活を身近で見ていたため、結婚してからもずっと実家の両親に仕送りを続け、子ども時代と同じように両親を支えた。両親は故郷で、漁師を継いだＡ子さんの末の弟（49）夫婦と同居していたが、相変わらず生活は楽ではなかった。Ａ子さんはときおり、実家と連絡を取っていたが「女が男に尽くすのはあたりまえ」「酒は男の甲斐性」と考える人が多い土地柄で暮らす両親に悩みをわかってもらうのは難しかった。

　夫は二人兄弟。実家は都内で不動産会社を営み、裕福だった。夫の父（義父）は、戦後まもなく高知県から上京し一代で財産を築いたが、女性関係も激しく、数人の愛人それぞれに家を持たせていた。夫の母（義母・84）は元ホステスで、最初は愛人であったが前妻が子どものないまま若くして亡くなったため、後妻に入った。義父は糖尿病から癌を発症し、70歳で亡くなった。義母は次男にあたる夫を猫かわいがりし、今も夫の借金を肩代わりしたり、小遣いを渡すなどしている。実家を継いだ夫の兄（63）は、実家を二世帯住宅に立て替え、妻とひとり娘の３人で暮らしている。

うまく書くことができたでしょうか。見本例（図12-2）だけでなく、他の人が書いたジェノグラムと照らし合わせ、違っているところはないか見てみましょう。前にも書いたように、特に関係線はジェノグラム作成者の主観が大きく反映しやいので、たとえばA子さんと夫の関係の間に暴力を表す〰〰〰➤だけでなく、「暴力があるのに離れられない」ことに注目し、密着の関係線を入れた人もいるのではないでしょうか。もしかしたら、家計を支えながらも仕送りを続けていることから、A子さんと青森のご両親の間に密着の関係線 ═══ を入れた人がいるかもしれませんね。「これが絶対に正解」という回答はありません。作成者がどのような考え、価値観を持っているかによって多少の違いが生まれるのは当たり前のことです。お互いに書いたものを照らし合わせながら、「なぜ自分が書いたジェノグラムはこうなるのか」「他の人はどうして違うジェノグラムになっているのか」についてシェアすることも、よい援助者・治療者になるためにとても有効ですので、ぜひやってみましょう。

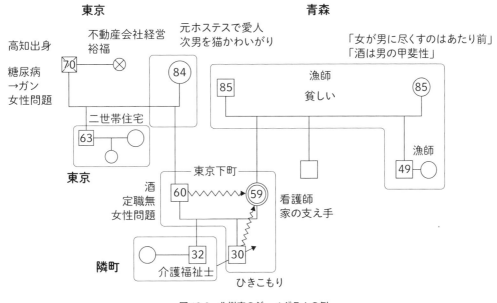

図12-2　北樹家のジェノグラムの例

〔ミニ・エクササイズ④例文ジェノグラムを読み解く〕
　北樹家のジェノグラムが完成したら、今度は解読をしてみましょう。

　A子さんの原家族、夫の原家族に共通する習慣や考え方は見えてきたでしょうか。A子さんの今の苦しい状況をつくっているのは、果たして夫と次男だけでしょうか。A子さん自身が変わっていくべき部分はないでしょうか。実家に近寄らない長男のことはどんなふうに考えますか。
　以下 (1) (2) に沿って、北樹家に起きている問題を整理してみましょう。

（1）北樹家に伝わる文化や価値観、特徴などを表す３つのキーワード

① 暴力：夜中に暴れる引きこもりの次男（A子さんの主訴）、怒ると暴力をふるう夫（ドメスティックバイオレンス：DV）。

「夫は直接、A子さんを殴っているわけではないのにDVにあたるのか」とか、「次男が包丁を振り回すのも暴力なのか」などの疑問を感じる人もいるかもしれません。この疑問を解決するには、「暴力とはいかなるものか」を知っておく必要があります。物理的に何かを壊したり、身体に向かってふるわれるものだけが暴力ではありません。みなさんも心理的虐待やモラルハラスメントという言葉を聞いたことがあるかと思います。

なんらかの力を使って誰かを傷つけたり、支配すること。誰かをコントロールしたり、身動きが取れない状態にすることは、すべて暴力に入ります。また、DVは「家庭内暴力」と広義で捉える場合もありますが、日本では配偶者からの暴力の防止及び被害者の保護等に関する法律（DV防止法）との関係で「同居関係にある内縁関係を含む配偶者や元配偶者、交際中の男女間で起こる暴力」と捉えることが一般的です。

DVには次の５つの種類があります。

---

①身体的DV：殴ったり、蹴ったりなど心身にダメージを負わせること。
②精神的DV：大声で怒鳴ったり、暴言を吐いたり、けなしたりする。無視など。
③社会的DV：家族や友人、職場などの関係性を断つように仕向けたり、断絶させる。
④経済的DV：生活費を渡さない、逆に、稼いだお金を奪うなど。
⑤性的DV：望まない性行為の強要や、避妊に非協力的であるなど。

---

② アルコール：飲み歩いてばかりの夫、「酒は男の甲斐性」と考えるA子さんの実家の土地柄、A子さんと夫の出身地は国内でも飲酒量が多い「青森」と「高知」であること、夫の父が糖尿病を患っていたこと。

生まれ育った環境（原家族、土地柄）がどのようなものであったのかを知ることは重要です。A子さんのようにアルコールと親和性の高い環境で育った場合、人はお酒に寛容になりやすくなります。それはお酒の飲み方や、お酒を飲んで暴れたり、問題行動を起こす人への見方にも影響を与え、アルコールへの親和性が低い環境で育った人であれば気がつく問題や危険性があっても、そのまま見過ごされがちです。

「糖尿病の発症とアルコールが関連しやすい」というのも、一般常識の１つです。日常的に得た知識をジェノグラムに反映させるようにしましょう。

③ ジェンダー（性役割）：夫と夫の父ともに女性関係が派手、「子育ては女がするもの」と考える夫、「女が男に尽くすのはあたりまえ」と考えるA子さんの実家の土地柄。

ここ数十年でだいぶ変化したとはいえ、男尊女卑の考え方や日本社会が持つ固定化した性役割のイメージなどは、今もあります。総務省『社会生活基本調査』（21年度）によると、子育て世帯の男性の家事・育児時間（1日あたり）1時間54分に対して、女性は7時間28分にも及びます。21年度の東京

都における男性の家事・育児参画状況についての調査では、子育て世代の男性の1日あたり育児時間は2時間23分（19年度）から2時間15分に減り、女性は6時間9分（19年度）から6時間10分（21年度）に微増しました。この調査では、家事労働全体の週平均は男性が3時間34分、女性は8時間54分で、その差は5時間20分。10年度に比べ19分拡大しています。先進諸国と比べても、日本の男性の家事・育児時間は最低レベルです。働く女性が増える一方、いまだに家事や子育てなど、家を切り盛りする負担は女性に大きくのしかかっている実情が見えてきます。また、地方によっては家父長制のなごりが強く、女性が男性の世話をするのはあたりまえというところもあるようです。

(2) 北樹家の問題を家族の「システム」として考える

北樹家の問題が明らかになったのは、A子さんが相談に訪れたからです。その主訴は「引きこもりの次男が毎晩のように暴力をふるう」ということでした。しかしジェノグラムを書くと、北樹家の問題は決して次男の問題だけではないということが見えてきます。

職を転々としている夫は、お酒や女性問題を抱え、夫（家長）として「家族を守る」という役割を放棄しています。夫を猫かわいがりしている夫の母は、「子どもを自立できるように育てる」という母親の役割を果たせていない人のように見えますし、お金は稼いでいたけれども、女性関係が派手だった夫の父親もまた、「家族を守る」という家長としての役割を務められない人だったと推測できます。

一方、貧しい漁師の長女に生まれたA子さんは、子どものころから「家族を支える」のが当然と思って育ち、成長した後も同じことをして生きてきたのではないでしょうか。生活を支えるため、人一倍仕事をこなしながら、子育てに、家事にとがんばってきた様子が見て取れます。多くの苦労を「1人でがんばること」で乗り越えてきたA子さんが「もうがんばるのは無理だ」と思えた理由が「引きこもりの次男の暴力」なのだとしたら、一見、良くないことに見える次男の状況も、A子さんが原家族から受け継いできた「がんばって家族を支える」という生き方を変えるきっかけになったとも考えられます。

📍 5.ま と め 📍

ジェノグラムを作成することで、その家に伝わっている文化や価値観、特徴などが見えてくることがわかったと思います。そして、家族を「システム」として捉えることで、その家族に起きている問題や、支援を必要とする部分、どこから援助を始めるかなどが見えてきます。

すでに説明したように、「DVとはどういうものか」「アルコールの親和性が高い地域はどこか」などの一般常識を知っておくと、より解読がしやすくなります。

たとえば北樹家にはアルコールというキーワードがありましたが、同様のことは、タバコ、薬やサプリ、お金の使い方、ギャンブル、働き方など、あらゆることに通じます。お酒の消費量だけでなく、自殺者数やパチンコ店数、年収などの世帯あたりの経済状況などさまざまな都道府県別統計が出ていますし、ニュースなどを注意深く見ていると、地域特性やその地域での習慣などが取り上げられることもあります。いろいろな方面から、多くの知識を得ておくとよいでしょう。

ただし、「統計はあくまでも平均値である」ことを忘れてはいけません。お酒を飲む人が多い都道府県にも全くお酒を飲まない人はいますし、酔っても問題を起こす人ばかりではありません。ほとんどの人は他者とよい関係を結ぶためにお酒を利用します。全国平均から見れば世帯収入が低い地域であっても大金持ちの人はいるでしょう。そこでは「貧しい人が多い地域で裕福である」ことがその家族になんらかの影響を与えることもあります。

　また、「親孝行はいいことだ」という社会通念を「常識」と思ってしまうと、A子さんが実家に仕送りをしていることの問題点が見過ごされてしまうかもしれません。経済的にも生活状況的にも余裕があれば、生活の苦しい両親に仕送りすることは決して悪いことではありません。しかし、A子さんのように孤軍奮闘して一家を支えているというなかで仕送りするというのはどうでしょうか。もしかしたら、原家族と一定の距離を置いて自分の家族と新しい生活を始めることができた長男の方が、健康な生き方を選択できていると言えるかもしれません。

　私たちは小さいころから、「親孝行はいいこと」と教えられて育ってきました。しかし、現状と照らし合わせてみたときに、当事者にとってその言動や選択が「いいこと」なのか「悪いこと」なのかの判断は分かれることがいくらでもあります。一般常識や社会通念を知っておくことは大事ですが、それにとらわれずに柔軟に見る力を養うことも、ジェノグラムの解読では重要になります。

　最後に、近年増えてきた離婚をめぐる家族の問題についても考えておきましょう。今の日本では、実に3組に一つのカップルが離婚すると言われています。シングルマザーやシングルファーザーの家庭、子どもがいる男女が再婚してできたステップファミリーなども珍しくありません。こうした家族では、今は別々に暮らしている家族メンバーや、その関係性が重要な意味を持つことがあります。

　世界でも珍しい単独親権制度を取る日本では、離婚するとどちらか片方の親が親権者となります。親権者でなくなったもうひとりの親は子どもとまったく会えなくなってしまうこともあります。そのため、離婚に際して父母が激しく親権を争い、子どもを奪い合う例が後を絶ちません。こうした離婚後も続く「父母の争い」や「片親不在」が、子どもの成長発達や配偶者・職業選択など、将来にわたって大きな影を落とすことも明らかになっています。

　たとえ一緒に暮らしていなくても、一切、会えなくなっていたとしても、家族はお互いに影響を与え合っているのです。

（木附　千晶）

〈心理療法とは〉

　心理療法とは、人々の心の健康を維持したり、心の回復を助けるための心理学的な理論に基づいた治療法のことである。心身の症状の改善や対人関係の調節などを行うことが多いが、その背後にある人生観や価値観の変容をも伴うこともある。精神療法とよばれることもあり、英語ではサイコセラピー（psychotherapy）という。

　心理療法を行う者は心理療法家やセラピスト（therapist）とよばれ、厳密には、日常的な悩みの相談を行うカウンセラー（counselor）とは区別されるが、日本ではほぼ同義語として使われ、かつ、カウンセラーという呼び名の方が一般的であることから、本稿では治療者の立場をカウンセラーと表記した。

　現在、心理療法の種類は、400以上あると言われており、それぞれの心理療法がさまざまな技法・手法を持っているが、それらの源流となるものは、精神分析療法、行動療法、来談者中心療法の3つであるとされる。

〈精神分析療法〉

　精神分析療法を創始したのは「無意識の発見」で知られる精神科医・フロイト（Freud, S.）である。フロイトは、「人は自分のものとは認めがたい欲求や願望、感情、不快な記憶などを無意識の領域に押し込む（抑圧）」と考えた。しかし、抑圧されても、それらの記憶や感情は消えてなくなるわけではなく、本人も無自覚のまま無意識のなかで存在し続け、その人の行動や生き方に影響を与え、夢や症状としてあらわれるというのである。

　そのためフロイトは、無意識に抑圧されているものを意識に上らせること（意識化）によって症状が改善するとし、自由連想法を考案した。自由連想法では、クライエントは心に浮かんだことを包み隠さず話していく。浮かんだ連想を「つまらないこと」「恥ずかしい」「（症状とは）関係ない」などと考え、黙り込んでしまったり、言葉に詰まったりしたときには、治療を妨げる抵抗と考え、カウンセラーはそれを取り上げ、話題にし、解釈する。そうした面接を繰り返すことで、少しずつ抑圧されたものが顔を出したり、過去の重要な人物（多くの場合は親）との関係で体験された感情や思考、行動などをカウンセラーに向けてきたりする（転移）。これらを解釈し、抑圧されたものを解放することによって、治療効果が得られるとした。

　またフロイトは、心を本能的な欲求（エス）と両親のしつけなどを通して取り込まれる価値や規範意識（超自我）、それらと外界からの制約との間で生じる葛藤を調整する自我によって成ると考え、自我が調整する葛藤が不安や抑うつ、罪悪感などを引き起こすと考えた。そこで自我は、これらの感情を和らげ、心の安定を保つため、無意識のうちにさまざまな対処を行う。この心理的規制を防衛機制とよんだ。防衛機制は誰もが行っているものだが、超自我が強すぎたり、エスからの欲求が大きすぎたりすると不適切な防衛規制が多用されるようになり、症状形成につながるとされる。

　精神分析療法に続くさまざまな療法は、この精神分析療法の発展、あるいは批判として登場したものが多く、精神分析療法は、心理療法だけでなく、精神病理学や人格理論、対人関係論などに多大な影響を与えたとされている。

〈行 動 療 法〉

　行動療法では精神分析のように、症状の原因として無意識を想定し、そこに潜むものを解放することで症状が改善するとは考えない。基礎とする考え方は行動理論と学習理論であり、行動そのものを治療の対象とする。たとえば、高所恐怖症を治療する際には、「高いところに上がれない」という行動を問題視し、その行動の変容を目指す。

　行動療法では、症状などの問題行動は「後天的に学習されたもの」と考え、「適切に学習し直せば改善できる」とする。主に①古典的（レスポンデント）条件づけと②オペラント条件づけの考え方に立脚している。①は、本来、生理的刺激に対して生じる反応であっても、先行して別の刺激を与え続けると、生理的刺激がなくても、先行して与えていた刺激だけで生理的刺激に対する反応が生じるようになる現象をいう。犬に餌を与える前に

メトロノームの音を聞かせると、やがてメトロノームの音だけでも犬が唾液を出すようになるというパブロフ（Pavlov, I. P.）の実験が有名である。②は、特定の自発的な行動をしたときに、報酬や罰を与えることで、その行動を強化もしくは弱化させることである。たとえば、「レバーを押せばえさが出る」という経験を繰り返したネズミが、自発的にレバーを押すようになるというスキナー（Skinner, B. F.）の実験がある。

　これらの条件づけをもとにした治療法としてよく知られているものが、系統的脱感作法である。たとえば「床に落ちた物を不潔と感じて触れない」というクライエントに対しては、不潔と感じて不安や恐怖を感じる場面や状況を「程度の軽いもの」から「程度の重いもの」まで順に並べてもらう。その一方で、リラクゼーションを行って最も不安が少ない状態をイメージしてもらう。その状態がイメージできるようになったら、「程度の軽いもの」から順にイメージし、不安や恐怖を感じたらリラクゼーションを行い、その場面を受け入れられるようにしていく。

　現在は、ベック（Beck, A. T.）らが提唱した、ある出来事に対して自動的に想起させる誤った考えや認知の歪みを修正することによって、感情や行動の変容を図る認知療法と一緒になり、認知を修正することで行動変容を促す認知行動療法として用いられる場合がほとんどである。

〈来談者中心療法〉

　来談者中心療法は、ロジャーズ（Rogers, C. R.）が提唱した。精神分析療法が問題の解釈を行ったり指示的な態度でクライエントに接していたことを批判し、この療法は非指示的な態度で接することの重要性を主張した。この療法では、人間を自己実現に向かう傾向を備えた存在として捉え、この傾向を促進するためにはカウンセラーの態度が重要とし、その3つの基本態度は「無条件の肯定的関心」「共感的理解」「自己一致」である。この3条件を満たすカウンセラーによってクライエントは、はじめて自分の問題と向き合うことができるとされたため、ロジャーズ以降はカウンセラーの人格的な資質が問われるようになった。

　現在では、これら3つの基本的態度は、来談者中心療法のみならず、さまざまな立場の治療やカウンセリングにおいても重要とされている。

　この療法における人間の自己実現傾向や主体性を中心とする立場は人間性心理学ともよばれる。

（木附　千晶）

引用参考文献一覧

［第 1 章］

藤本学・大坊郁夫 2011「コミュニケーション・スキル尺度 ENDCOREs」『心理測定尺度集Ｖ』サイエンス社

藤本学 2013「コミュニケーション・スキルの実践的研究に向けた ENDCORE モデルの実証的・概念的検討」『パーソナリティ研究』22（2），pp. 156-167

北島貞一 1999『自己有用感──生きる力の中核』田研出版

成田健一・下仲順子・中里克治・河合千恵子・佐藤眞一・長田由紀子 1995「特性的自己効力感尺度」『心理測定尺度集Ｉ』サイエンス社

ヴァーガス，マジョリー，F.，石丸正（訳）1987『非言語（ノンバーバル）コミュニケーション』新潮選書

山本真理子・松井豊・山成由紀子 2001「自尊感情尺度」『心理測定尺度集Ｉ』サイエンス社

［第 2 章］

青木智子・水國照充・木附千晶 2001『エクササイズで学ぶ心理学──自己理解と他者理解のために』北樹出版

バンデューラ，アルバート（編著），本明寛・春木豊，野口京子，山本多喜司（訳）1997『激動社会の中の自己効力』金子書房

Gouldner, A. W. 1960 "The Norm of Reciprocity: A Preliminary Statement" *American Sociological Review*, 25（2），161-178

宮本聡介・太田信夫（編著）2008『単純接触効果研究の最前線』北大路書房

［第 3 章］

大坊郁夫（編著）2005『社会的スキル向上を目指す対人コミュニケーション』ナカニシヤ出版

蓮見将敏・小山望 1998『人間関係の心理学──体験をとおして学ぶ心理学』福村出版

［第 4 章］

相川充・津村俊充（編）1996『社会的スキルと対人関係──自己表現を援助する』誠信書房

相川充 2000『人づきあいの技術──社会的スキルの心理学』サイエンス社

［第 5 章］

イーガン，ジェラード，福井康之・飯田栄（訳）1992『熟練カウンセラーをめざす──カウンセリングワークブック』創元社

東山紘久 2000『プロカウンセラーの聞く技術』創元社

杉原保史 2015『プロカウンセラーの共感の技術』創元社

［第 6 章］

アルベルティ，ロバート，E・エモンズマイケル，L.，菅沼憲治・ハーシャル，ミラー（訳）1994『自己主張トレーニング──人に操られず人を操らず』東京図書

平木典子 1993『アサーショントレーニング──さわやかな〈自己表現〉のために』日本・精神技術研究所

齋藤孝 2004『コミュニケーション力』岩波新書

［第 7 章］

青木智子 2005『コラージュ療法の発展的活用──個人面接・グループワークでの事例を中心として』風間書房

アヴェ＝ラルマン，ウルスラ，渡辺直樹・坂本堯・野口克巳（訳），投影描画法テスト研究会（責任編集）2002『バウムテスト──自己を語る木：その解釈と診断』川島書店

松原達哉（編）2013『臨床心理アセスメント 新訂版』丸善出版

コッホ，カール，岸本寛史・中島ナオミ・宮崎忠男（訳）2010『バウムテスト［第 3 版］──心理的見立ての補助手段としてのバウム画研究』誠信書房

小山充道（編著）2008『必携　臨床心理アセスメント』金剛出版

竹内一郎 2005『人は見た目が 9 割』新潮新書

横山博 1991「元型イメージの治療力と危険」『精神療法』17（3），pp.191-198

　　［第 8 章］

星野欣生 2003『人間関係づくりトレーニング』金子書房

兼田徳幸 2014「人生充実 Re ライフ　聴き上手で心豊かに」『朝日新聞』

　　［第 9 章］

丹野宏昭，児玉健 2015『人狼ゲームで学ぶコミュニケーションの心理学——嘘と説得、コミュニケーショントレーニング』新曜社

　　［第 10 章］

中井久夫 1993「コラージュ私見」森谷寛之・杉浦京子・入江茂・山中康裕（編）『コラージュ療法入門』創元社，pp.137-146

楡木満生（編著）2002『スクールカウンセリングの基礎知識』新書館

橘美知子 2003『面白いアート　1 絵画編』日本文教出版

　　［第 11 章］

池田謙一・唐沢穣・工藤恵理子・村本由紀子 2010『社会心理学』有斐閣

池上知子・遠藤由美（共著）2008『グラフィック社会心理学　第 2 版』サイエンス社

山村豊・髙橋一公 2017『系統看護学講座　基礎分野　心理学　第 6 版』医学書院

木附千晶・福田雅章 2023『——「子どもの権利条約」に基づいた——子どもが幸せになるための、別居・離婚・面会交流のすべて』自由国民社

　　［第 12 章］

早樫一男 2016『対人援助職のためのジェノグラム入門——家族理解と相談援助に役立つツールの活かし方』中央法規出版

ウォーカー，レノア，E.，斎藤学（監訳）穂積由利子（訳）1997『バタードウーマン——虐待される妻たち』金鋼出版

〈心理学の話〉

　①心理学の誕生

長谷川寿一・東條正城・大島尚・丹野義彦・廣中直行 2008『はじめて出会う心理学　改訂版』有斐閣アルマ

加藤義明・中里至正（編著）1987『入門心理学』八千代出版

　②心の発達 I

ボウルビイ，ジョン，作田勉（監訳）1981『ボウルビイ母子関係入門』星和書店

エリクソン，E. H.，西平直・中島由恵（訳）2011『アイデンティティとライフサイクル』誠信書房

　③心の発達 II

水國照充 2016「歪んだ自己表現をする子どもたち」『児童心理』2016 年 10 月号，金子書房

小野寺敦子 2009『手にとるように発達心理学がわかる本』かんき出版

　④記　憶

服部雅史・小島治幸・北神慎司 2015『基礎から学ぶ認知心理学——人間の認識の不思議』有斐閣

市川伸一（編）1996『認知心理学 4　思考』東京大学出版会

高野陽太郎（編）1995『認知心理学 2　記憶』東京大学出版会

　⑤知　能

Kevin, S. McGrew（2009）CHC theory and the human cognitive abilities project: Standing on the shoulders of the giants of psychometric intelligence research, *Intelligence*, 37（1），1-10

キャロル人間認知（C-HCA）プロジェクト（http://www.iapsych.com/IAPWEB/iapweb.html）

ディアリ，I. J.　繁桝算男（訳），松原達哉（解説）2004『知能』岩波書店

長谷川寿一・東條正城・大島尚・丹野義彦・廣中直行 2008『はじめて出会う心理学　改訂版』有斐閣アルマ

三好一英・服部環 2010「海外における知能研究と CHC 理論」『筑波大学心理学研究』40 号，pp.1-7

村上宣寛 2007『IQ ってホントは何なんだ？知能をめぐる神話と真実』日経 BP 社

上野一彦・松田修・小林玄・木下智子 2015『日本版 WISC-IV による発達障害のアセスメント──代表的な指標パターンの解釈と事例紹介』日本文化科学社

　⑥心理テストの話

松原達哉（編）2013『臨床心理アセスメント 新訂版』丸善出版

大村政男 2012『新編 血液型と性格』福村出版

塩﨑尚美（編著）2015『実践に役立つ臨床心理学　第 3 版』北樹出版

　⑦意欲を高める心理学

チクセントミハイ，M.，大森弘（監訳）2010「フロー体験入門──楽しみと創造の心理学」世界思想社

デシ，エドワード，L.，石田梅男（訳）1985『自己決定の心理学──内発的動機づけの鍵概念をめぐって』誠信書房

デシ，エドワード，L.，フラスト，リチャード，桜井茂男（監訳）1999『人を伸ばす力──内発と自律のすすめ』新曜社

　⑧学　習

鹿取廣人・杉本敏夫・鳥居修晃（編）2015『心理学 第 5 版』東京大学出版会

金城辰夫（監修）・山上精次・藤岡新治・下斗米淳（共編）2016『図説 現代心理学入門　4 訂版』培風館

篠原彰一 2008『学習心理学への招待──学習・記憶のしくみを探る　改訂版』サイエンス社

山内光哉・春木豊（編著）2001『グラフィック学習心理学──行動と認知』サイエンス社

　⑨性格（パーソナリティ）の心理学

青木智子（編著）2009『医療と福祉のための心理学──対人援助とチームアプローチ』北樹出版

斎藤環（著・訳）2015『オープンダイアローグとは何か』医学書院

杉山憲司・堀毛一也（編著）1999『シリーズ・心理学の技法　性格研究の技法』福村出版

　⑩社会心理学

チャルディーニ，R. B.，社会行動研究会（訳）2014『影響力の武器──なぜ、人は動かされるのか　第三版』誠信書房

エクマン，ポール，菅靖彦（訳）2006『顔は口ほどに嘘をつく』河出書房新社

本間道子 2011『集団行動の心理学──ダイナミックな社会関係のなかで』サイエンス社

亀田達也・村田光二 2010『複雑さに挑む社会心理学──適応エージェントとしての人間　改訂版』有斐閣

外山美樹 2011『行動を起こし、持続する力──モチベーションの心理学』新曜社

　⑪心の病

下山晴彦（編）2003『よくわかる臨床心理学』ミネルヴァ書房

杉原一昭（監修）渡邉映子・勝倉孝治（編）『はじめて学ぶ人の臨床心理学』中央法規出版

髙橋三郎・大野裕（監訳）染矢俊幸・神庭重信・尾崎紀夫・三村將・村井俊哉（訳）『DSM-5　精神疾患の分類と診断の手引』医学書院

　⑫心理療法

重野純（編）安藤清志・石口彰・高橋晃・浜村良久・藤井輝男・八木保樹・山田一之・渡辺正孝 1994『キーワードコレクション　心理学』新曜社

氏原寛・亀口憲治・成田善弘・東山紘久・山中康裕（共編）2004『心理臨床大事典　改訂版』培風館

事項索引

人名索引

水國　照充（みずくに　てるみつ）

立正大学大学院文学研究科博士後期課程満期退学。国士舘大学、東京福祉大学、宇都宮短期大学非常勤講師、東京都、さいたま市スクールカウンセラー、嗜癖問題臨床研究所附属原宿相談室室長を経て、現在、平成国際大学スポーツ健康学部教授。さいたま市教育委員会スクールカウンセラースーパーバイザー。公認心理師、臨床心理士。
著書に『エクササイズで学ぶ心理学―自己理解と他者理解のために』（北樹出版、共著）、『医療と健康のための心理学』（北樹出版、共著）、『教育相談の理論と方法』（北樹出版、共著）など。

青木　智子（あおき　ともこ）

立正大学大学院文学研究科博士後期課程満期修了。文学（博士）。東北文化学園大学助教授、文京学院大学教授、東京都スクールカウンセラー、IFF・CIAP相談室サイコセラピストなどでの臨床経験を経て、現在、平成国際大学教授。女子栄養大学学生相談室カウンセラー。臨床心理士、公認心理師。1級キャリアコンサルタント技能士。
著書に『医療と福祉のための心理学［改訂版］』（北樹出版、編著）、『子どものための心理学』（北樹出版、共編著）『コラージュ療法の発展的活用』（風間書房、単著）、『콜라주미술치료』（학지사）など。

木附　千晶（きづき　ちあき）

アライアント国際大学／カリフォルニア臨床心理大学院修士課程。文京学院大学非常勤講師。公認心理師、臨床心理士。子ども・おとな・家族の総合相談CAFIC（ケフィック）池袋カウンセリングルーム主宰。子どもの権利条約日本（CRC日本）代表。愛着理論をベースとした家族支援が専門。近年、離婚家庭の別居親と子どもとの面会交流支援に取り組んでいる。
著書に『迷子のミーちゃん　地域猫と商店街街再生のものがたり』（扶桑社、単著）、『子どもの力を伸ばす　子どもの権利条約ハンドブック』（自由国民社、共著）、『教育を子どもたちのために』（岩波ブックレット、共著）、『カウンセリング実践ハンドブック』（丸善、分担執筆）など。

［改訂版］楽しく学んで実践できる対人コミュニケーションの心理学

2018年4月20日　初版第1刷発行
2021年3月20日　初版第2刷発行
2024年1月30日　改訂版第1刷発行

著　者　水　國　照　充
　　　　青　木　智　子
　　　　木　附　千　晶
発行者　木　村　慎　也

定価はカバーに表示　　　　　印刷　新灯印刷／製本　新灯印刷

発行所　株式会社　北樹出版

URL：http://www.hokuju.jp

〒153-0061　東京都目黒区中目黒1-2-6　（03）3715-1525（代表）

Ⓒ 2024, Printed in Japan
（落丁・乱丁の場合はお取り替えします）

ISBN 978-4-7793-0720-1